偏差値45からの
大学の選び方

山内太地 Yamauchi Taiji

★――ちくまプリマー新書
424

目次 ＊ Contents

本文イラスト　ツキシロクミ

はじめに

中高生・受験生のみなさまへ
保護者のみなさまへ
高校・塾の先生方へ

みなさんこんにちは。

日本の大学に全部行った、教育ＹｏｕＴｕｂｅｒの山内《やまうち》太地《たいじ》です。

まずは自己紹介をさせてください。普段の私は学校経営コンサルタントとして大学や高校の経営のお手伝いをする他、全国各地の高校で年間約１５０回の進路講演を実施しています。コンサルティング、講演、ＹｏｕＴｕｂｅｒと３つの仕事をしています。

私は１９９６年に岐阜県中津川市という地方都市の公立高校を卒業し、大都会である東京で様々なことを学びたいと思って上京しました。普通の人は自分の入った大学で友達を作って楽しく過ごすと思うのですが、私はちょっと人と違いました。東京には自分の入った大学以外にも、東大、早稲田、慶應、上智など、有名な大学がたくさんありました。どこも電車ですぐ行ける距離。私は、他の大学のキャンパスに足を運び、そこで出会った学生や教授と話をするうちに、「他の大学の面白さ」に目覚めました。別に今さら浪人して別の有名大学を目指さなくても、東京という街で自由にいろんな大学生と交流すれば、多くのものを得られると気がついたのです。芸術大学、医科大学、農業大学、工業大学にも行き、面白い学生や先生に山のように出会いました。やがて興味関心は東京を飛び出し、北海道大学や九州大学にも行くようになりました。果ては、日本全国の全部の大学、約800校に行くことになったのです。海外は14か国3地域の約100大学に足を運んでいます。

大学受験の専門家は世の中にたくさんいます。東大など有名大学出身の人も大勢いる。その人たちに私は受験のテクニックで及ぶものではありませんが、日本の大学をすべて見学した私にしか語れない話や情報があり、教育の世界で幸いにして「芸人」のようなポジションでお仕事をさせていただいています。

大学卒業後すぐにこの仕事についたわけではなく、温泉ホテルの正社員だったり、出版社で編集者として担当した本が20万部のベストセラーになったり、自ら作家として出した新書が7万2000部売れたりもしましたが、その間も大学見学は一貫して続けてきました。YouTuberとしては2023年現在でまだ5年ほどの実績ですが、大学見学は27年続けており、その蓄積を生かし、本書を書きました。

この本は、日本にある約800大学に全部行った私が、有名私大、あるいは憧れの国公立大学にあと一歩届かない！というあなたのために、おすすめの第2志望の大学を厳選して紹介する本です。

「なんで第1志望じゃないんだよ！」

第1志望は、落ちるからですよ。全員が東大に入れないでしょう？

「そんなことないよ、受験生の3分の2は第1志望の大学に進んでいるよ！」

そんな新聞記事がたしかにありましたね。私立大学は年内入試が6割という話。知っていますよ。でも、それって本当に第1志望なのですか？

「うっ」

入りたい大学ではなく、「入れそうな大学」を選んでいるでしょう？　高校選びもそうだったでしょう？　みんな、落ちたくないから、絶対に受かりそうな大学を第1志望にするのですよ。でも、それでいいのですか？

東大、慶應、ハーバード……。難関大学に受かった人の本はいっぱい出ています。もちろんみなさん立派です。第1志望を目指すなら、まずはそうした本を読んでください。そういった人に向けた動画もあるでしょう。でも、私たちの多くはそうではありません。あなたは世界一のお金持ちになりたいわけでもないし、世界一のイケメン・美女と結婚したいわけでもないでしょう？　あるいは、目指しても全員が東大に入れないし、甲子園で優勝できません。それでも、夢を抱いて目指すことは価値があります。挑戦すれば、どこかにはたどり着くのです。

はるか昔、「ナンバーワンじゃなくてオンリーワン」という歌が流行《はや》りましたが、それは妥協の産物ではなく、ベストを尽くした人が言う言葉です。だから、第2志望の大学も、ベストを尽くして入学すれば第1志望になるのですね。不本意入学で仮面浪人する人もいます。でも、自分のたどり着いた場所でベストを尽くせばいい。浪人したい人は尊重します。ただ、受験勉強をもう1年、2年やるよりも、18歳、19歳の青春を大学という舞台で存分に羽ばたかせてはいかがですか？

だって、第2志望で入学しても、魅力的で楽しく面白い大学はいっぱいありますよ？努力すれば就職では第1志望の大学の学生に負けない可能性だってあります。そして何より、大学で学ぶことは楽しいのです。A大学の経済学とB大学の経済学が大きく違うわけではありません。あなたは自分が学びたくて選んだ学問を合格した大学で存分に学べばいいのです。

高校と大学の違い

大学は高校とは違います。大学進学を希望するみなさんの多くは普通科高校に通っていると思いますが、大学には普通科はありません。商業高校、工業高校、農業高校のように、高度な専門性を身に付けるのが大学の学びです。だから、どんな学部・学科を選ぶかが重要になってきます。

大きくは、物質や技術といった、形のあるものを学ぶ理系と、精神的なもの、無形のものを学ぶ文系に分かれます。まずは、世の中にどのような学部があるのかお伝えしておきましょう。仕事のイメージが湧きやすいので理系の話からします。

学部案内——理系編

【医学部】 医師になります。小学生でも知っていますね。普通の大学は4年間ですが、医学部は6年通います。

【歯学部】 歯科医師だけは医学部ではなく歯学部です。こちらも6年制。

【薬学部】 病院や薬局やドラッグストアで薬剤師を見かけると思います。私たちの病気を治してくれる薬の勉強をします。薬剤師になったり、大学や企業の研究所で薬を開発する仕事につきます。薬剤師を目指す場合は6年制、企業等での研究職を目指す場合は4年制ですが、ほとんどは大学院に進学してさらに勉強しますので、4年で終わる人は少ないです。

【看護学部】 看護師になります。助産師（女性のみ）や保健師、養護教諭などの資格も取れるところが多いです。

【保健医療学部・リハビリテーション学部など】 医療系の学部ですが、前述の4つよりはなじみがうすいかもしれませんね。病院などでは、医師や看護師以外にも多くの人たちが命を救うために働いています。理学療法、作業療法、診療放射線、義肢装具、臨床検査、臨床工学、柔道整復、鍼灸《しんきゅう》、救急救命、歯科衛生、管理栄養など、たくさんの資格があり、それぞれ学科になっています。ほとんどの人がその専門職に就きます。

【理学部】 みなさんが高校で学んでいる数学、物理、化学、生物学、地学などを研究する分野です。これらの科目が得意な人は、進学先として考えることがあると思います。

【工学部】 理学部で扱う数学や物理を応用して、様々な工業製品につながる技術を研究開発する学問です。機械工学、電気電子工学、情報工学、応用化学、建築学、土木工学、生命科学などがあります。最近は情報学部、建築学部、生命科学部として一部の学科が独立している大学も増えています。理工学部を名乗る大学も多いですが、これらは数学、物理といった理学部よりの学科と、機械工学、電気電子工学といった工学部よりの学科が同居している大学です。

【農学部】 名前から農業のイメージですが、実際には広い領域を扱っています。植物や野菜、食品、バイオテクノロジー、森林、水産・海洋、農業ビジネス、獣医、畜産などの学問分野があります。

学部案内——文系編

次は文系です。主な学部には次のようなものがあります。

【文学部】文学といっても、日本文学や英米文学だけではありません。高校の国語と英語、地歴・公民の要素がみんな入っています。哲学、歴史学、文学、心理学、社会学、教育学、芸術学（実際に描いたり演奏したりではなく、学問として学ぶ）、宗教学など、広い領域を扱うところが多いです。多くの大学では細かく学科になっていますので、気になる大学があればよく調べてください。社会学部や心理学部などが独立している大学も多くあります。

【経済学部、経営学部、商学部】大きく言うと、ビジネスを扱う学部です。世界や地域の大きなお金の動きや仕組みを学びます。私たちが幸福で豊かな社会を作るにはどうしたらいいかを考える経済学、企業や商品がどうやってもうけているのかなどの仕組みを学ぶ経営学・商学などを扱います。入門書はたくさん出ていますので、興味のある方はぜひ自分で勉強してみてください。

【法学部】　法律や政治を学びます。公務員や弁護士を目指す人も多いですが、一般企業でも法律の知識は役に立ちます。

【外国語学部・国際学部】　外国語学部は英語、ドイツ語、フランス語、中国語などの学科に分かれており、それぞれの言語や文化を学びます。国際系の学部は、語学に加えて文化やビジネスなどを学ぶことをPRしている大学が多いです。

【教育学部】　幼稚園、保育所、小学校、中学校、高校などの先生や保育士を養成します。みなさんが普段接している先生方の多くが学んできた学部です。ただし、文学部などで国語や英語や社会（地歴・公民）、理学部などでも理科や数学の先生になることができます。

【家政学部】女子大に多くあります。高校までの家庭科が大学の学問になったもので、衣食住を学びます。ファッション、栄養、建築、保育などの学科があります。理系の要素も含まれています。

【芸術学部】音楽や美術を専門に学びます。美術学部、音楽学部、デザイン学部などの名前になっている大学も多いです。この分野に憧れる高校生も多いでしょう。

【体育学部】スポーツや健康について学びます。オリンピックなどスポーツの大会に出るアスリートの学部と思いがちですが、スポーツが得意というだけではなく、学問としてのスポーツを学ぶ場です。保健体育の教員を目指す人も多いです。

他にも、データサイエンス学部とか、総合政策学部とか、環境情報学部とか、たくさんの学部がありますが、主なものをざっと紹介しました。これで、大学が扱う学問分野は、ほぼすべて網羅しています。どうですか。面白かったですか？　え？　難しそうで面白くない？　ゲームとかアニメとかＹｏｕＴｕｂｅとかＳＮＳの学部とかないの？

う〜ん。そういう大学も少しはありますが、東大にはありませんよね。なぜでしょう。

リベラルアーツを学んで人類の課題を解決する

それは、ここまで紹介した学部で、人類の課題解決がだいたいできるからです。あなたが興味のある最新のことも、どこかの学部に落とし込んでちゃんと学べます。

医学から文学まで、すべての学問をざっとあなたに見てもらったのは、これが大学の学問の入口だからです。大学の先生方はこれを教養とかリベラルアーツと呼んでいます。意味は検索してください。

あなたはなぜ大学に行くのでしょう？　高校を出てすぐに就職してもいいはずです。

医師や教員などを目指すなら、大学に行かないとなれないのでわかりますが、なんとなく大学に行く、みんなが行くから行くという人も多いでしょう。そんなあなたに、大学という世界の全体像と、その先にある学問の面白さを知ってほしいのです。なぜなら、高校までの先生と、大学の先生は、まったく違うからです。これは、どっちが偉いという意味ではありません。

高校までの先生は、教育者です。誰かが解いてくれた謎《なぞ》をあなたに教えてくれます。「ニュートンがこんな法則を発見しました」「紫式部がこんな本を書きました」。これは、正解がある問題です。これを覚えて入試を突破すれば大学には入れます。

大学の先生は、教育者であると同時に研究者です。正解がない問題に挑んでいます。

「どんな薬を作れば、この難病が治るのか」

「どんな自動車なら、もっと安全で快適で環境にやさしいのか」

「戦争が起きないためには、政治をどうすればいいのか」

「貧しい人を救うために、経済学に何ができるのか」

そうして調べたり研究した成果を、論文や本にして世の中に発表し、世界を良くしています。ちくまプリマー新書には、そうした大学の先生方の努力の結晶が詰まった本がたくさん出ていますので、ぜひとも読んでください。もちろん、他社の本も同じです。

「はぁ。大学教授の先生方はすごいなぁ。頑張ってください」

違います。あなたが頑張るんです。だって、あなたは大学に行くのだから。研究者である先生方に習うのだから。あなたは何のために大学に行くのですか？

研究をするためです。

世界には困った問題がいっぱい起きています。戦争はなくなりません。新型コロナのような感染症もあります。日本は人口減少で衰退の一途、給料が30年も上がりません。ものづくり立国と言われたのにいつの間にか他の国に負けてしまいました。ゲームやアイドルも気づけば海外のモノや人ばかり。このまま日本が衰退していけば、みなさんは親より貧しくなるのです。

「良くない時代に生まれてしまった」

と嘆く若者もいます。でも、私のおじいさんは戦争に行きました。幸い生きて帰ってこられたから私がいるわけですが、その時代に比べれば今のほうがずっと安全で快適です。みなさんはヒーローが活躍した戦国時代や幕末が大好きですよね。江戸時代の真ん中ごろの殿様の名前なんて、ごく一部の有名人を除けば誰も知らないでしょう？　ピンチの時代になると、突出した才能を発揮する人が出て世界を救います。ドラえもんの「映画だと頼もしいジャイアン」みたいなものです。今は危機の時代だからこそ、あなたがヒーローになるのです。

みなさんの親は江戸時代、みなさんは戦国時代を生きていると考えてください。世の中が大きく変わろうとしているのです。楽しいことばかりではないでしょう。でも、こんな時代は、あなたが頑張ることで、日本を、世界を変えることができるのです。学問の力で。

学問の力と偏差値はあまり関係がありません。重要なのは、やりたい勉強ができる大学を、第1志望だけでなく、第2志望までしっかり探すことです。本書がそのための一助になれば幸いです。

※本書は大学選びの基礎を中高生向けにわかりやすく書いた入門書です。本書の刊行時点での最新情報を盛り込みましたが、学部・学科名や入試制度などは年々変化し、状況が変わることは多々あります。個々の学問や各大学の詳しい教育、研究内容につきましては、大学の公式ホームページなどをご参照ください。必ずご自身で最新情報を得ることをおすすめいたします。

第1章　文理の壁をすり抜ける

大学に進学するのは当たり前なのか

そもそもの話からいきましょう。大学に行くのか否か。たまにいるんです。みんなが大学に行けって言うからとりあえず行くという人。そして内心行かなくてもいいんじゃないかと思っている人、いるでしょう？　ダメとは言いません。私もそういう気持ちになったことはあります。実際大学に行くのは高校生のうちの半分ですからね。高校を出てすぐ働く人もいっぱいいるわけです。どうして大学行かなきゃいけないの？と思うでしょう。私は行かなきゃいけないとは思っていませんよ。ぶっちゃけた話、行きたくない人は行かなくていいです。本当に。だって、嫌々行ったって仕方がないでしょ。食べたくないカレーを食えとか言われても困るじゃないですか。

普通科高校にいて大学に行かない選択をした場合、親や先生への説得が必要になってくるかもしれないですが、高卒でなれる職業を目指している人は説明しやすいと思います。専門学校に行って調理師や美容師になる、本当に食べていけるYouTuberになる、あるいは自分で会社を作ってどこかの業界で活躍するとかですね。あとは芸能人になったとか、プロスポーツ選手になれそうとか。そういう方は止めません。

重要なのは、別にそういう強みがあるわけじゃないんだけどなんとなくって言う人。

大学へ行かないとどうなる?

そんなあなたが大学に行かないと、では、どうなるんですか。高校を出て働きますか。しっかりした気持ちを持って高卒で働くことはとても立派だと思いますが、そういうんじゃなくて、とりあえず高校を出ただけで強みがない人はやっぱりちょっとまずい。何がまずいかというと、何者でもないんですね。芸能人やスポーツ選手でもありません。そして他の同級生たちは進学した先の大学とか短大で知識を身につけたり、学校の先生や看護師の資格を取ったり、何者かになっていくんですね。何者かになるというのは、食べていく術《すべ》をちゃんと持っているということです。

何者かになれるか決まっていないなら

　自分が何者かになれるのかまだわからない。そんな人は大学に入ってからゆっくり考えたらいいんです。今までみなさんがいた小学校、中学校、高校では、先生が学問を教えてくれて、何かの知識や技術を得る場所でした。ところが大学ってそうではない。確かに大学教授はみなさんにいろいろ教えてくれます。でもあくまでも主役は、大学で研究するみなさん自身。

　つまり自分の頭で考えて、学問を究めていくのが大学なんですね。残念ながらこれは高校までや専門学校ではなかなかできません。高校を出てすぐに活躍できる有名人の多くは自然にそれができているんですね。自分の頭で考えて自分で物事を突き詰めていける人。でも、我々の多くはそれができません。だから大学の先生から「自分で学ぶ」方法を学んで、その後、自分で自分の人生を切り開いていけるようにするべきです。

　大学に行かない理由がちゃんとあるという人、自分が深く納得し、周りも納得する説明がきちんとできる人は芯がしっかりしていますから、もう学校は関係ありません。行かなくてもいい。でもそこまで考えてなくて、なんとなくと言うんだったら、あなたにはまだ勉強が足りないんです。つまり大学まで行って勉強すべきです。大学に行って4年間勉強すればたぶん納得すると思います。

文系と理系とどっちに行くか

さて、大学に行こうと決めて、これから受験を控えている高校生のみなさん。でも受験勉強の前の段階で悩んでいることもきっとありますよね。

文理選択はまず最初の悩みだと思います。たとえば、2年生の時に文理選択がある方、いますよね。文系のクラスに行くか理系のクラスに行くか、悩むと思います。決まっている人はいいですよ。「私は医者になる」だったら、絶対に理系クラスだし、「歴史の勉強をしたいな」だったら文学部に行くから文系クラス選択なわけですから。

でもどっちに行ったらいいか迷っている人、とても多いんですね。考えずに選ぶと、後でやっぱり違ったとなっちゃう。なので、決まっている人はいいとして、迷っている人に向けて話をしたいと思います。

それに、高校の段階では、得意な科目で文理を選んでしまう人が正直多いんですよね。「私、英語好きだから文系にしよう」とか「数学好きだから理系にしよう」って決めちゃう人が多いんですが、のちに後悔している人も多い。そういう決め方はあまりよくないんじゃないかなと思います。

どんな学問を学びたいのか早い段階で考える

文系か理系かを考えるときには、高校の時の得意な科目ではなく、その先にある大学の学部や、何を学びたいのかまで、なんとなくでも考えたほうがいいと思います。自分がやりたいことが経済学なのか医学なのか、全然違いますよね。

14頁からの学部案内をもう一度見てください。「早稲田大学は有名だな」ではなくて、じゃあどんな学部があるのか？　早稲田は文系が中心の大学ですから、文系学部のほうがたくさんあります。医学部はありません。でも理工学部は3つもあり、それぞれ学問領域が違います。それをちゃんと調べるんです。家を建てたければ必ず建築学科になりますし、都市をつくりたい、橋や道を作りたいんだったら土木になりますね。重要なことはきちんと学問に関心を持つことです。有名な大学だからそこに入りたいじゃなくて、なんの学問がやりたいかなんです。なんの学問がやりたいのかがしっかりしていれば、はっきり言って有名な大学じゃなくてかまいません。入った大学でその学問をしっかりやればいいんですね。

医者になりたい人は医学部に入りたいとしっかり決めているし、ロボットを作りたい人は、たとえば工学部に行くってちゃんと決めていますよね。「僕は歴史が好きだから歴史学科へ行く」と決めている人もいるわけです。もちろん、まだ決まってなくてかまわない。でも、ちゃんと決めている人と同じように、大学の学問の地図は知っておいてほしいんですね。それを踏まえて大きく文系か理系かを考えていってください。「まだ高校1年生だからよくわからない」なんて言っちゃダメです。

もちろん、これからの社会では文系であっても理系、理系であっても文系の学問をしっかり学んで、幅広い知識を身に付けることが重要になってきます。文系か理系か迷っている人は、文理にとらわれずいろいろな大学の学問や学部を調べると、自分の行きたい大学が見えてくるかもしれません。それに合わせて文理選択をするというのも手です。

文系だけど理系大に行きたい

しかし実際のところ、「本当は理系に行きたかったんだけど文理選択で文系クラスになってしまった」もしくは「文系に進んだけどやっぱり理系大に行きたくなった」という方もいると思います。多くの高校では文系クラスと理系クラスの数が最初から決められているので仕方のないことなのですが、もう理系にはなれないんだと思っていませんか？　安心してください。そんな方に向けた方法をお伝えします。

たとえばみなさん憧れの明治大学。農学部のホームページを見てください。農学部食料環境政策学科は実は文系の学科です。入試科目が文系3教科、国語と英語と地歴・公民で受けられるんですね。そう、理系学部なのに入試は文系科目だけでいいんです（もちろん理系科目での受験もできますよ）。学ぶ内容としては名前の通り、食糧問題や環境問題や政策といったことを勉強します。昔の名称は農業経済学科と言って、農業と経済の勉強をするところでした。明治大農学部食料環境政策学科の正体は経済学科なのです。ということで、文系だけど理系に行きたい方にぴったりです。

文系科目で入れる理系大学は他にもありまして、日本大学の生物資源科学部、東京農業大学の農業ビジネス系や国際食料系の学科も入試は文系の大学と同じ扱いです。情報系なら東洋大学の情報連携学部と総合情報学部が国語、英語、地歴・公民の3教科で入れます。関西なら近畿《きんき》大学の農学部と建築学部、龍谷《りゅうこく》大学の農学部、関西大学の総合情報学部などで文系入試があります。

こういった学部は入ってしまえば、理系と同じ研究環境、設備の中で勉強することができます。就職でも理系大卒、理系の知識がある人と見られます。理系に行きたいのに文系クラスにいる人、あきらめずにぜひ挑戦してみてください。

それから私のイチオシは東京都市大学です。日東駒専と比べると知名度ないよねと思われがちなんですが、超お得大学なんです。文系で受けられる学部がいくつかありまして、とくに環境学部とメディア情報学部はいわゆる理工系の勉強をちゃんとできる学部です。前身が武蔵工業大学という東京四工大に数え上げられる工業系の大学だっただけあり、極めて優れた研究設備があります。文系で受験できて、研究の環境が良くて就職も良くて、そのうえ知名度はあまり高くないこの東京都市大学は大穴です。

そもそも自分はどうなりたいのか？

次に取り上げるのは「そもそもやりたいことがわからない」という悩みです。受験する際、将来を考えて文理を選ぶ話はしましたが、やりたいことが見えてこない人もいますよね。

高校生のみなさんとお話をしていると、やりたいことがわからない人、とても多いんです。クラスの友だちが「看護師になる」とか「建築家になる」なんていうのを見ていると、「やりたいことがわからないんだけどこれでいいのかな？　どこの大学入ったらいいの？」って悩んでしまう人、読者の中にもいると思います。そんな人にお話しします。

将来はやりたいことで考えなくてよい

やりたいことで将来を考えるのをやめてください。みなさんの親や先生は優しくて「あなたが行きたい学校に行っていいのよ。なりたい仕事についていいのよ」って言うから、わからなくなっちゃうんですよ。自分がやりたいことをやるという自分ベースの考え方をやめて、世の中を見渡して困っている人を探すんです。他人ベースのやりたいこと探し。自分の内面を探していくよりは世の中で現実に困っている人を探すほうがやりやすいと思いますよ。

たとえば治らない病気がある。だったら薬学部で研究して新しい薬を作ろう。自動車がよく事故る。だったら自動車工学を学んで安全な車を設計しようかな。ケーキがおいしくない。だったらパティシエになっておいしいケーキを作ってみたいな。このように自分がやりたいことじゃなくて、他の人が求めていることや困っていることを探すんです。そしてその仕事につく。

あなたの仕事が誰かのためになるか

あなたがその仕事をしたことで誰かを助けられる、救える、それってどんな仕事なんだろうって考えるんですね。それは必ずしも看護師さんとか消防士さんみたいな、はっきりした職業じゃなくてもいいんです。

できれば高校生のうちにある程度は探せるのがいいですが、思いつかない人はやっぱりまずは大学に入ってください。文学部でも経営学部でも国際学部でもかまわない。大学に入れば、高校生の頃よりは時間に余裕があります。そこで、いろんなところへ旅行してみたり海外留学してみたり企業の人と話をしてみたりしながら、今この世の中で誰か困っている人はいないかな、この分野の人が足りないらしいなとか探してみてください。

私の知り合いのある大学生は、アフリカの紛争を止める！と言って本当に卒業後にアフリカのある国まで行っちゃいましたからね。でもそれは、実際に経済学の専門性を持っていてそれに関係する仕事をして、本当に紛争を止める仕事をして帰ってきたわけです。そんな危ないことをみんながしろとは言いません。でも自分がちょっとはやりたいことやできそうなこと、そして社会が求めていること、この3つを掛け合わせたところに、自分に向いている仕事、生涯続けられる仕事がきっと見つかるはずなんですね。

ですから、やりたいことがわからない人は、自分がやりたいことを一旦忘れる。社会のニーズ、世の中の人が求めていること、今困っているものは何か、そういったものをニュースを見たり本を読んだりしながら探してほしいんですね。自分ではなく、いっそ他人を基準にする、という考え方はよい手だと思います。

やりたいことを親に反対されます

逆に、やりたい仕事が明確にあるのに親に反対されているって言う人も多いでしょう？「私これやりたいんだけど」と言うと、お父さんお母さんや先生が「やめておきなさい」と即答するような場面もあると思います。まぁ、多いのが、ゲーム業界とか、声優とか、あるいは海外の大学に行きたいとかですね。

特に地方だと県内、もしくは近県の大学しか駄目って言われてる人が多いと思うんですよ。女子のほうが顕著かもしれません。正直、私が全国回って多かったのは、長野県とか福井県とかで、親に「お金の面もあるし、あなたの将来だって心配なんだから、近所の学校行っときなさい」みたいなことを言われたという人。でも私はそうじゃなくて、東京や大阪に行きたいんだ、これがやりたいんだと、やりたいことがあるのに親に反対されている人へのアドバイスがあるんです。

親を納得させるには

親を納得させましょう。結局それしかない。そのためにはプレゼンテーション能力を磨く必要がありますが、プレゼン能力は、やりたいことがあるあなたにとって大きな武器になります。

なぜなら、その後のあなたの人生で何が起きるか？　あなたが仮に、なりたいものになれたとしましょう。夢だった仕事についた。その時に、たとえば新しい商品を作りたいときって、誰にプレゼンしますか。

上司や社長ですよね。

「社長、うちの会社で今度こういうことをやりたいんです」

こう言うと、間違いなく反対されます。

「そんな新しい商品なんてやめとこうよ。今だって売れてるじゃないか」

絶対あると思いませんか？

そう、仮にあなたの夢がかなっても、その後の人生って、必ず誰かが邪魔してくるんですね。憧れの仕事について活躍してる人もみんなそうなんですよ。新商品を作ろう。反対される。今度はこういうことをやりたい。やめとけって言われる。活躍している人、芸能人や社長さんだってみんなそうなんです。あなたがなりたいものになっても、いろんな人に反対されながら戦っていく。

やりたいことがあるあなたは一生戦い続ける人生なんです。そして実はその最初の壁が親なんです。親を突破できなくては、あなたはなりたいものになんかなれません。ですから、親を説得するんです。説得というと言葉悪いですね。納得させる。そのために調べてください。お母さんは反対してるけど、今この業界はこれだけ将来有望なんだよ。じゃあもしお父さんが言うとおり地方公務員になったとするね。それで本当に私は幸せなのかな、親の目から見てその私は本当に幸せだと思う?ときちんと話しましょう。

あとは、その時にちゃんとデータを持ってくる。たとえば、ゲーム業界はこれから日本だけではなくて、世界市場にさらに広がっていくことを考えれば非常に有望であるとかですね。

親は心配している

そもそも、親はあなたをいじめたいわけではなく、不安定な雇用で苦労するのではないかと心配していることがほとんどです。自分は将来のことをしっかり考えているという風に説明をしてください。もちろん実際には不安定な面があることは否定できません。でも、親が考える安定だけが安定とは言えない世の中です。

あなたがやるべきことはくれぐれも、親とケンカすることではありません。最後はお金を出す側が勝ってしまいますよね。しかも親子の関係も悪くなる。夢からは遠のきます。親を敵だと思わないこと。納得してもらって、じゃあそこまでお前が言うなら頑張れと言ってもらえる状況を作るんです。

あなたが会社員だとして、社長とケンカしたって勝てないじゃないですか。社長を説得して納得してもらって、「君がそこまで言うなら、新しい商品を作ろう」と言わせるんです。これを親に対してやる。ということで、プレゼンテーション能力を磨いて親に納得してもらう。その時、親はあなたの味方になります。先生も巻き込みましょう。あ

○×大学

る高校では、生徒が三者面談で親と先生にパワーポイントでプレゼンし、どうしてその進路に行きたいかを説明します。先生は「県外の大学はダメだ」などとは言いませんので、担任の先生や進路指導の先生、なんなら校長先生も巻き込んで、味方になってもらいましょう。校長先生から自宅に電話があれば保護者も「ウチの子、何かやらかしたんじゃ」と心配になるかと思いますが、「○○さんの希望を応援してあげてください」と言われれば、納得してくれるはずです。

足りないのはお金ではなく情報

本章の最後に、うちには本当にお金がなくて地元の国公立がやっとなんです！やりたいことがあっても無理なんです！という人に向けたお話をします。地方出身でお金がないから東京の私立に行きたいなんか言っちゃやだめだ？　そんなことはありません。金銭面の問題で大学の選択を狭めるのはまだ早い。

さっそく本題に入りますが、まずご紹介するのが専修大学です。関東圏の人気私立大学。ここ、なんと大学4年間学費無料でいけるんですよ、そんなバカなと、学費が高いはずだと、お思いでしょう。一般的に私立大学に入ったら、1年で100万円ぐらいかかりますし、さらにもっといろいろなお金がかかりますね。

そこで専修大学のスカラシップ入試です。受かったら入学金は必要ですが、その後4年間の学費はいりません。めちゃヤバくないですか。授業料0円ですよ。専門学校より安いんですよ。

なんでこうなっているの⁉ そういう入試だからです。一般選抜とは別にスカラシップ入試という選抜法がありまして、2月に行っています。じゃあ受かるのが難しいのかと思われがちですが、必ずしもそうではありません。普通に私立大学を一般受験するのと同じように国語と英語と社会（地歴・公民）の文系3教科をちゃんとやっていればいい。ここで成績優秀であれば奨学金の対象になります。この奨学金は返さなくていい給付型奨学金ですから、はっきり言って大学4年間の400万の学費が全部もらえるわけです。道が開けてきましたか？

その代わり、成績は良くないといけませんので、気を抜かずに頑張って勉強してください。勉強さえちゃんとやって、入試で合格すれば大学は4年間タダで行けるんです。

親がお金がないって言っているからという理由で、東京の大学を諦めてはいけません。あなたと親御さんに足りないのはお金じゃありません。情報が足りないんです。

タダで神奈川大学に行けるかも

あとは、神奈川大学の給費生入試も受かれば4年間ほぼタダです。入学金は一度自分で払う必要がありますが、その後20万円が初年度にもらえます。また毎年、たとえば文系の場合は100万円か110万円、理系の場合は145万円もらえます。理系は実験などもあってお金がかかりますからね。

さらにさらに、なんと下宿生はアパート代も年間70万円支給されます。4年で280万円もらえますので、アパート代もほぼかからない。地方からでも安心です。あとは必要最低限の生活費をアルバイトで稼ぐという感じで卒業まで暮らせるはずです。

確かに大学はお金がかかります。でも成績優秀ならタダになるんです。それをしっかり調べる。お金を理由に進学をあきらめない。まして、お金がないから専門学校なんて考え方をすぐにするのはよろしくない。専門学校だって2年行ったら約200万円かかります。大学に行けるのなら行ったほうがいいじゃないですか。

悩んでいるなら受けてみる

他にも、大正大学は「チャレンジ型一般選抜」をやっています。一般選抜の合格者のうち成績優秀者上位100名に返済不要の奨学金を給付するもので、授業料の全額免除、半額免除、3割免除の3種類があり、要件を満たせば4年間継続されます。

専修大学、神奈川大学、大正大学と紹介してきまして、学費が免除される入試があるのだと知っていただけたと思います。どの入試も確かに難関ですが、絶対無理というものでもないと思います。

ちなみに、入試には落ちても、君頑張ったからタダじゃないけど合格はあげるね！という制度があるんですよ。不合格の次の段階として、タダにはしないけど、成績優秀だったから一般と同じように合格にはなるという。そこから普通に学費払って専修大や神奈川大に入るという手ももちろんあります。なので悩んでいる人はまず受けてみるのがいいと思います。ぜひ、このような入試を利用して4年間大学にタダでいくことを考えてみてください。あとは、あなたがちゃんと勉強すればいいだけです。
それから、ここで紙幅は割きませんが、給付型の奨学金もいろいろとあります。情報がちゃんとあれば大学には行けるのだと、ぜひ覚えておいてください。

夜間という手もある

最後に、奨学金以外の道もあります。二部（夜間部・夜間主コース）といって、主に夕方6時ごろから夜9時ごろだけ授業を行う大学があるんですね。国立大なら小樽《おたる》商科大、富山大経済学部、静岡大、名古屋工業大、滋賀大経済学部、大阪教育大、岡山大や広島大や香川大の経済学部と法学部、徳島大理工学部など。私立では北海学園大、日大法学部、東洋大、東京理科大、東京電機大、大阪経済大経営学部、福岡大商学部などです。気になる方は詳しく調べてみてください。二部の学費は昼間の大学の半額ほどで非常に安く、昼間は正社員やアルバイトとして働くことも可能です。

奨学金も組み合わせれば、親が援助してくれなくても大学を卒業することは不可能ではありません。絶対にお金を理由に大学進学を諦めてはいけません。一生損するし後悔します。あなたの人生は親ではなくあなた自身のものです。

第1章では文理選択の仕方や、やりたいことの見つけ方、お金がなくても大学に行く方法など、受験勉強をする前の悩みについて考えてきました。

次章では、受ける大学の選び方や第2志望の決め方について説明していきます。まずは国公立大学に関するお話からいきましょう。

第2章　お得な国公立大を探せ！

国公立大学は5回受けられる

国公立大学の選び方と受け方という基本的なところから入っていきたいと思います。まず国公立大学の受験について。1月に共通テストを受けて2月に前期試験を受けますよね。ですが重要なことは、国公立大学は実は最大で5回受けられるということです。総合型選抜・学校推薦型選抜・前期日程・中期日程・後期日程の5回です。さらに、独自日程の大学もあります。

共通テストを受けた後の前期試験に全力投球するのはよくわかるのですが、万が一に備え中期日程や後期日程で受験できる大学も事前に探しておきましょう。その分野の勉強ができる他の大学は必ずあります。また、国公立大学の推薦型選抜も検討しましょう。これは共通テストありとなしがあり、共通テストなしの場合、11月に試験があり年内で合格が決まります。この秋の推薦ではぜひ難関大学を狙ってください。

そして総合型・学校推薦型・前期・中期・後期、5回全部検討するんですね。多いほうが合格率もあがりますし、試験に慣れるのにも有効です。推薦で難関大に入るのは正直難しいです。でも仮にその推薦が残念な結果であっても折れずに必死になって勉強を続けて共通テストと前期に挑んでください。言ってしまえば、推薦で勝とうとしない、だけど受けようよということですね。受かったらラッキーくらいの気持ちで。落ちたら推薦は模擬試験、練習です。戦いは続きます。

国公立か私立か?

次に選び方です。受験準備に入る時、まず大きくは私立大だけを目指す人と国公立と私立の併願を目指す人で分かれていくと思います。勉強する教科が違いますからね。特に都市部以外の地域だと国公立を狙おうと考える人が多い傾向にあるのかなと。なのでそもそも論として、地方国公立と都会の私立を比べていきます。その後はおすすめ大学をじゃんじゃん紹介していきますので、お楽しみに。

地方の国公立大学 対 都会の私立大学

　ということで、地方の国公立VS都会の私立。みなさん自身が悩む問題だと思いますし、地方に住んでいる人は「地元の国公立大学に行け！」と親や先生からすごく言われることでも悩むのだと思います。鳥取県だったら鳥取大学。岩手県だったら岩手大学みたいな、それが一番いいじゃないかと言われる。そして、多くの人はそれに従って目指すと思います。

　しかし、もしあなたが「本当は都会の私立に行きたいんだけど」という人だったら、どうしたらいいんでしょうか。これに対する答えは、文系と理系でちょっと変わってきます。文系の場合は、いろんな企業があったりユニークな経験ができたり、チャンスが広がるということを考えると、私個人としては、都会の私立大学もすすめます。やっぱり情報と人の量が違いますからね。なので都会に行きたい文系の方はぜひ行ってください。

地方は文理で就職先が変わる

では、理系の人はどうなのでしょう。理系の人には地方国公立も推したいと思います。東京や関西の有名私立、入っちゃいけないとは言わないですよ。でも、就職に関して言えば、理工系は地方の大学でも都会の大学でもそこまで変わらないんですよね。これが文系の場合であれば、各県、地元の良い会社に入ったり地方公務員や教員になったりということが多いんですよ。文系は地方大学にいればそのまま地方で就職し、都会の大学を出た人が都会で就職するという流れなんですね。もちろんたまに突然変異で、地方大学から東京の良い会社に入るという人間がいない訳じゃありませんが。

でも理系、特に工学部とか農学部の場合は、地方のどんなに不便なところにある大学でも就職先はちゃんと東京、都会です。たとえば北見工業大学とか室蘭《むろらん》工業大学とか、公立はこだて未来大学、あとは福島県の会津大学とか、正直言って交通の便の悪い地方都市にあるのですが、就職データをホームページで見てください。必ず東京の有名な大企業に入れているのです。理工系に関して言えば、地方にいるからダメなんてことは一切ありません。

たとえば九州工業大学が顕著な例です。国立の名門です。北九州にあるんですけれども、1人の学生が就職活動で受ける会社はたったの1・7社ですからね。文系なんて100社くらい受けているのに。

理工系の高度な専門性があって、学力の高い国公立大学に入っている人は、就職活動では都会の有名な私立大学に比べてまったく不利ではありません。理工系に関して言えば、全国へどうぞ散ってください。

理系は積極的に地方へ

理系の人におすすめの地方国公立大をもうちょっとあげておきましょう。国立なら琉《りゆう》球《きゆう》大学工学部もアリです。県立大学や公立大学でも、高知工科大学や富山県立大学など、非常に評価の高い工学部や情報学部を持っている大学に入ればハズレはないです。ただし、就職活動の際は都会に行くっていうことも多いでしょうから、アルバイトして、ちょっと交通費貯めておいたほうがいいですね。

たしかに都会のほうが日常的にいろんな情報や人に接することができるというのはあります。しかしこのオンラインの時代に、地方にいるから不利だということは理工系に関してはほとんどないですね。特に工学部や農学部の場合は、どんなに地方の県でも安心して行ってください。

地方大学に行くのが不安な人は、大学のホームページから進路一覧を見て、卒業生がどんな会社に入っているのかぜひ調べてみてください。ちゃんと日本の名だたる企業に入れていますので、しっかり大学で勉強すれば良いんだということがわかると思います。

もちろん、就職だけではなくて、4年間都会で勉強したいんだと言う人は、都会の私立大学へ行くのが良いと思います。ということで、決して私立がダメなわけじゃありませんが、個人的には理系の人は地方国公立もおすすめします。

旧帝大とは？

さて、国公立大学の受験を考えるときにかかせないのが旧帝大学の存在ですね。旧帝大とは北海道大学、東北大学、東京大学、名古屋大学、京都大学、大阪大学、九州大学という国立のトップ大学群です。言わずもがな名門です。

東大や京大、阪大のような都会にあって優秀な大学はもう説明不要だと思いますので、今日はとくに地方にある旧帝大を紹介します。その地方の人ばかりが行きがちなのですが、遠くからでも行ってほしい魅力的な学部がいろいろありますよ。

数学だけで入れる旧帝大がある⁉

最初から飛ばしていきます。なんと、入試が数学のみの旧帝大があります。北海道大学理学部数学科です。私も知ったときはちょっとびっくりしました。

・共通テストを受ける必要がない
・試験科目は数学だけ
・面接があり、数学的内容の質疑応答を行う
・出願は従来のＡＯ入試と違い、特別な準備も経験も実績も必要なし

という「フロンティア入試ＴｙｐｅⅡ」を数学科がやっていますので、「数学だけ超できる」という方は北海道大学の数学科を受けましょう。なんと年内で合格です。共通テ

ストを受ける前に旧帝大合格、夢がありますね。13名の枠がありますから意外と広いと考えても良いのではないかなと思います。数Ⅲを履修していることが必須で面接がありますのですので、これをお読みになっている数学の天才のみなさんは北海道大学理学部のホームページを調べてみてください。

九大共創という不思議な学部

九州大学に共創学部という不思議な名前の学部があります。ここに興味を持って志望する人はけっこう多いんですね。九州の人は九大に入りたい人がとても多いですから。それで、憧れの九州大学でどこ行こうっていうときに、「あれ、東大京大にもないような面白い学部があるぞ」「共創学部?」となるわけです。一体この学部は何をやるのでしょう。

ホームページを見れば、こういった学部ですとしっかり書いてあります。私がいちいちそれを解説はしません。問題は、この共創学部というのは入る人を選ぶということです。つまり向いている人と向いていない人がいるんですよ。だからなんでもいいから名門九州大学という気持ちでくると、向いていない人の場合は入学後に「なんだ、これは」となるはずです。自分は選んでよいのかどうか、よく考えてください。

共創学部に向いている人

共創学部は、ざっくり言うと、人文社会系と理学系両方の勉強を幅広くできるリベラルアーツ系の学部と考えるといいと思います。新しいユニークな教育法をいろいろ取り入れているのですが、この共創学部の「実態」を知るために、一番重要だと私が考えているのは、専任教員の出身です。

つまり、いらっしゃる教授陣は何の専門家なのだろうということです。先生は限られた20~30人ですから、みなさんしっかり見たほうがいい。私が見る限りどうも理学部系の先生がすごく多いです。岩石とかね。いわゆる理学に分類されるような物理、化学、数学、生物といったような理系。その先生がたくさんいらっしゃって、あとは哲学とか経済学といったような人文社会系の先生の数がけっこう多い。確か考古学の先生もいらっしゃる。

なんでも学べる幅広い学部ではありますが、教えてくださる、指導してくださる先生方は文学部や理学部の人が多いようです。つまり、向いてない人っていうのは、はっきりと工学部や農学部や経済に行きたいんだ！と決めている人。そういう人はちゃんと昔からあるような学部に行ったほうがいいです。

経済がちゃんとやりたい、法律をちゃんとやりたい、歴史とか文学とか哲学とかの専門を深めたいと心に決めている人は既存の文学部に行きましょう。また、理系の人の場合も専門性の高い工学部、農学部を真剣に考えてください。理学部、工学部、農学部のほうが良い場合があります。

逆に言えばその専門が決断できなくて迷っているって場合に共創学部を選んでもいいんですが、理学系の先生が多いとはいえ、たとえば物理学を本当の意味で極めることは、理学部の人たちに比べると難しいわけですよ。

正直、こういった学部の理工系の進路というのはある程度狭まると思います。リベラルアーツで幅広くできるという学部、他の大学にもあって魅力的なんですが、目指す人にとって本当に気を付けてほしいのは、専門性の高さは保証できない。じゃあ大学院で移ろうかなという人も難しい道です。

従来の学問とは違う、新しい学問の世界を切り開くという感じになっていくので、九州大学共創学部がちょっといいなと思った場合は、自分が将来描いている夢というのは、高度な専門知識を身につけられる経済、工、農、法といったところと、このユニークな共創学部とどっちに進んだほうが近づけるんだ?というのを、とことん考えるべきなんですね。

考えたうえで、広くやりたい、今までの学問の枠にはまらないことがしたいと思った場合はおすすめの学部です。それはある意味で、たとえば工学で建築とか電気とか情報とかっていうのを、あきらめるのと同義です。文系の場合も歴史学をしっかりやろうとか、そういうことではないということですね。これは共創学部に限らず、リベラルアーツ系の多くの大学に言えることだと思います。

自らその道を選ぶのです。幅広くやるという意味での狭い専門性といえるわけで、幅広くやるという専門を選んだわけです。覚悟があれば使える学部です。先生についても、理学とか人文の先生が多いからといってその先生の専門分野ばかりやるわけではないからですね。岩石ばかりやりますじゃなくて、その先生から研究者としての指導を受けながら、自分だけの学問の世界を構築していく学部なので、実態を知るために先生を見るのは重要ですが、先生で決める学部でもないということですね。

というわけで、共創学部。新しいことに取り組んでいるのは事実なんですから、面白いのはわかるのですが、必ず従来的な学部と自分にはどっちが向いているかを考えましょう。どっちが良い悪いではありません。自分はオールドスタイルでやりたいと思っている人はその自分の意思を尊重しましょう。とりあえず九州大だから行っとこう！ではないということですね。

九大は芸工も面白い

そして個人的には、九大の最終兵器って芸術工学部だと思うんですよ。こんなに面白い学部は東大にも京大にもないですよ。芸術工学部はめちゃくちゃ楽しいです。建築もできるし、コンピューター系のデザインもできるし、音響と名乗っている学科やコースなんて、日本で唯一と言えますね。九州大は芸術工学部が面白い。共創学部を考えるんであれば、「芸術工学部も面白いと言われたぞ、なんだろう」と芸術工学部も調べてみてください。

東北大工学部の魅力に迫る

次にとりあげるのは東北大の工学部です。いやいや、東北大学工学部に魅力があることはわかってるよ！　東大、京大に次ぐ名門の一角じゃないか！と、みなさん思われることでしょう。もちろんその通りですが、東北大学工学部の魅力はそれだけではありません。

みなさんにぜひ知っていただきたいのは、工学部のＡＯ入試Ⅱ期では１１２名もの定員があり、共通テストがいらないのです。共通テストなしで東北大に入れます。ビックリですよね。東大、京大とはここが大きく違います。10月に出願、11月に合格発表です。

東北大学は工学部だけでなく、文学部・教育学部・法学部・理学部・医学部・歯学部・工学部・農学部で共通テストを課さないＡＯ入試をやっています。医学部も受けられる、すごい。もちろん、だからといって入りやすい訳ではありません。でも挑戦する価値はあります。模擬試験の成績が悪いからとか、どうせ自分なんか無理と言わずに、この共通テストを課さない東北大学の入試、ぜひチャレンジしてほしい。中でも工学部は先ほどもあげたように定員が多いです。

またＡＯ入試Ⅲ期の場合も、工学部では１１６名募集しています。こちらは共通テストありで、出願は1月末です。共通テストのないＡＯ、共通テストのあるＡＯ、そして一般選抜でも挑戦すれば3回受験できますので合格する可能性も上がります。

東北大学工学部の特徴

この東北大学の工学部というのはＡＯの定員が多いこと以外にも魅力がいろいろあります。工学部の内容としては、5学科で構成されており、工学の学問分野はほぼ完全に網羅しています。

【機械知能・航空工学科】 これが機械系です。機械システム、ファインメカニクス、ロボティクス、航空宇宙、量子サイエンス、エネルギー環境、機械・医工学、国際機械工学の8コースということでロボット、飛行機、自動車、医療系そういった勉強ができます。国際機械工学のコースに行くと留学生と一緒に英語で授業を受けます。

【電気情報物理工学科】 ここが大きくは電気系で、電気工学、通信工学、電子工学、応用物理学、情報工学、バイオ・医工学の6コースでこちらにもいわゆる医学系に近い医工学のコースがあったり、電気系なのにバイオがあったり、応用物理学があります。いわゆる情報系に興味がある人の場合は、この学科になると思います。

【化学・バイオ工学科】 ここは高校時代に化学や生物が好きだった人向けで、応用化学、化学工学、バイオ工学の3コースです。

【材料科学総合学科】 材料系というのは、多くの大学では機械工学科や応用化学科に入っているのですが、東北大学工学部の材料科学というのは、世界最高レベルの研究水準で、材料系だけで単独の学科になっています。東北大はとても伝統のある金属工学研究所を持ち、この学科には金属フロンティア工学、材料システム工学、知能デバイス材料学、材料環境学の4コースあります。なので材料工学をやりたいという人は、東北大は日本ではほぼ最高と言えるでしょう。

【建築・社会環境工学科】 ここがいわゆる建築・土木です。社会基盤デザイン、水環境デザイン、都市システム計画、都市・建築デザイン、都市・建築学の5コースで建築・土木、それから都市計画・衛生工学・環境問題、そういうことに興味がある人は目指してください。東北大学の工学部であれば、日本最高レベルの研究教育が受けられます。多くの人に東北大学工学部に挑戦してほしいですね。

地方国立なら地元でいいや？

ここまで、旧帝大から3つの大学を紹介してきましたが、旧帝大に限らず国公立大学を目指しているみなさん、「地元の国公立でいいや」と思っていませんか？　非常にもったいない。理系の人は研究内容ぐらいは調べる人が多いですよね。それに対して文系の国公立志望の方は「勉強内容はどこでもいっしょでしょ」と思って地元の大学しか受けないことがあります。

これはある意味では正しい。大学ごとにまったく違う経済学や歴史学を教えているわけがないですからね。基本的な知識はどこでも同じです。しかし、大学の特徴というものはあります。単科大か総合大か、立地はどうなのか、就職先はどうかなどを見ていくと、地元の大学よりも良さそうな、しかし同じ難易度ぐらいの大学を見つけることができるはずです。地元にいたいという明確な意思があれば別ですが、基本的には良いほうに行ったほうが得じゃないですか。自分で調べる際は全国の大学をまんべんなく見ていただきたい。

科研費ランキングより自分に合うか

高校で数学や物理、化学などが得意な人は、理学部に夢をはせると思います。最近は高大連携で大学教授の授業を高校で聴いたり、大学の研究室を見学したり、実験に取り組んだりする機会も増え、興味のある分野を探究して夢が広がるでしょう。

しかし、ここで壁にぶつかります。最先端の研究に取り組める環境は、どうしても東大、京大、東京工業大（東京科学大学に改称予定）といった、日本を代表するトップ国立大学が優れていることに気がついてしまうのです。誰もが入れるわけではない……。

そこで、国公立大学入試の後期日程を実施している理学部を持つ大学をご紹介します。国公立大学を受ける場合、1月に実施される大学入学共通テストの後の二次試験は2月下旬の前期日程で受ける大学が多くの受験生の本命大学となりますので、この前期日程では第1志望の大学を受験するとして、3月の後期日程を実施している大学が、有力な第2志望の大学になるためです。もちろん、ここで紹介する大学を前期日程で第1志望として目指すことも推奨します。

理学部のあるおすすめ第2志望大学は、信州大学、富山大学、静岡大学、山口大学、愛媛大学、山形大学、新潟大学の理学部などです。どう見ても明らかに東北大学、名古屋大学、九州大学に手が届かなかった受験生を手ぐすね引いて待っています。こうした大学を、偏差値や科研費（科学研究費助成事業、国から大学の研究への補助金です）の序列だけでランクを決めつけないでください。あなたが頑張って受験勉強をしてここにたどり着けば、高校とはまったく違う数学、物理、化学、生物、地学などが学べる素晴らしい研究環境や教員、学生の仲間たちが待っています。大学院は別の大学に進学して学ぶことも可能ですから、再び東大、京大に挑戦しても良いのです。東大は学部よりも大学院のほうが入学定員が多く、他大学からの進学を歓迎しています。

地域産業に根ざした工学部も

普通科高校は工業高校とは違って機械、電気電子、土木、建築といった勉強をしないので、理系科目である数学と理科が得意だと理学部志望になりがちですが、大学の世界は工学部が巨大で、東大、京大、名古屋大などは工学部が入学定員の約3割を占めるほどです。マンガ『ドラゴン桜』では、東大は理Ⅰ（工学部進学が主）を狙っていました。定員が多いからです。私は今でもその作戦は通用すると思っています。

工学部が大きい理由は、産業界のニーズです。理学に興味を持った人、ぜひ工学部も検討してください。製造業が圧倒的に工学部卒を求めています。医学部や薬学部、看護学部を考えている人、特に女子の方は、ぜひ工学部も検討してください。医療と関連した研究は増えています。機械工学、電気電子工学、応用化学など、医学に興味があれば実は工学部こそがあなたのしたいことができるのです。東工大、名古屋大、名古屋工業大の工学部は女子推薦も実施しています。ぜひとも挑戦してください。そのために高校で探究を頑張りましょう。

工学部もどうしても偏差値が高い国立大学に目が向いてしまいますが、地域の産業に根差した研究に取り組む地方国立大は優れています。徳島大からはノーベル賞受賞者も出ています。秋田大、室蘭《むろらん》工業大、富山県立大、兵庫県立大、愛媛大、福井大、新潟大、群馬大、山形大、熊本大、静岡大なども、強くおすすめできる国公立大学群です。

農学部・水産学部という道もある

農学部は偏差値じゃありません。全国各地には農林水産業の特産物がありますよね。それぞれの地域の環境や、そこで育つ農作物を、その地域の大学の農学部や水産学部が研究するのです。りんごなら青森県の弘前《ひろさき》大学、みかんなら愛媛大学農学部、高知県は農業も林業も水産業も盛んなので高知大学農林海洋科学部と名乗っています。

農学部も東大、京大にあるので、偏差値で考えればどんどん上の大学を目指しがちですが、このように、それぞれの地域に根差した研究がしたい場合は、全国の農学部を比較検討してみましょう。たとえ遠い大学でも、高校生のうちにわざわざ足を運ぶ価値はあると思います。

個性あふれる農学部（名前が違う場合もあります）としては、宮沢賢治の母校である岩手大、そして山形大、新潟大、茨城大、宇都宮大、信州大、山梨大、千葉大、静岡大、岐阜大、三重大、島根大、岡山大、広島大、県立広島大、山口大、香川大、徳島大、高知大、愛媛大、佐賀大、宮崎大、鹿児島大など。水産系学部は北海道大、長崎大、鹿児島大、三重大、広島大、高知大、福井県立大などがあります。

個人的に一押しなのは、信州大学繊維学部です。全国唯一の繊維学部ですが、ここは、工学部と農学部の要素が両方ある、もう一つの工学部のようなもので、大変ユニークな研究をしています。就職も強いです。ぜひ調べてみてください。

医療系は学費の安い国公立へ

看護系、理学療法・作業療法・診療放射線・臨床検査・臨床工学などの保健系、管理栄養といった医療系は、受験生人気の高い分野です。この分野は私立大学もたくさんありますが、国公立大学の利点はなんと言っても学費です。文系と同額で学べるため、私立大学の半額程度で済みます。しかも研究・教育環境は優れており、国公立大学医学部・大学病院で共に学べたり、臨床現場のスタッフの養成が主である私立大学に比べると研究職に強いなど、メリットが大きい。にもかかわらず、意外に知られていません。もちろん、東大、京大などで看護・保健系の勉強をするのは受験のハードルが高いですが、自分に合った入試方式を探したり、現実的な大学を見つけて目指す手があります。

たとえば後期日程で受験できる医療系大学・学部としては、信州大の医学部保健学科、徳島大、三重大の看護、鳥取大の生命科学などがあります。公立看護大では神戸市看護大、兵庫県立大、和歌山県立医科大、滋賀県立大などがあります。

各県の公立大看護学部の推薦は、地元の県の高校生しか受験できないと思い込んでいる人がいますが、よく探せば、他県の高校生が受けられる大学はあります。推薦は地元だけでも、一般選抜なら誰でも挑戦できます。国公立大学志望の人は、全国の医学部保健学科や医療系・看護系の国公立大学をよく探してください。

伝統のある人文系学部

どうしても難関大や地元ばかりに関心が偏りがちですが、国公立大学は大学入学共通テストの結果によって、自分は全国のどの大学に受かるレベルなのかがわかります。そのため、憧れていた大学が難しい場合、いきなり私立だけにしようなどと決めないで、様々な国公立大を知っておくことが、本当に自分に合った良い大学との出会いにつながります。

東大、京大などのトップ国立大学は、後期日程を廃止し、代わりに秋の学校推薦型選抜を実施するなどしており、前期日程で失敗したとしても後期日程で同じ大学に再チャレンジすることができません。そこで、第1志望の大学はもちろん目指して前期日程の勉強はするのですが、高校1、2年生のうちに、それ以外で挑戦できる大学の名前や教育内容を知っておくべきです。そのため、後期日程を実施している主な国公立大学をご紹介します。

伝統ある人文系学部を持っていて私がおすすめなのは、熊本大、鹿児島大、信州大、静岡大、福岡女子大、新潟大、山口大、愛知県立大、北九州市立大、富山大、愛媛大、島根大、神戸市立外国語大学の二部（夜間部）、琉球大などです。教育学部も全国にあるので、教員志望の人はぜひとも目指してください。経済学部は、後述する旧高商系の大学が特に優れています。社会福祉は私立大学に多いですが、岡山県立大、福井県立大、山口県立大などもおすすめです。

この他に、独自日程という、前期・中期・後期とは別に受験できる公立大が全国に4つだけあります。秋田の国際教養大、新潟県立大、芸術文化観光専門職大、広島県の叡《えい》啓《けい》大です。秋田の国際教養大は有名ですが、他はまだ歴史が浅く、全国的には知られていない大学です。自分に合うかどうか、他の国公私立大学も含め、よく調べ、比較検討すると良いでしょう。

経済学部なら旧高商が狙い目

次に、「旧高商」というくくりの大学群についてお伝えしたいと思います。知らない方も多いと思いますが、経済学の名門大学群です。

旧高商は、戦前に高等商業学校として設立された大学を指します。高等商業学校というのは商業実務家を養成する学校でした。この旧高商は今でも姿を変えつつ残っており、長い歴史と伝統を持っています。しっかり勉強できるうえ、産業界・銀行・大手企業に多くの卒業生がいるので就職も強い。

国公立大学の経済学部は全国にありますが、旧高商は特別です。国公立かつ経済学部志望でどこへ行こうかと迷っている人には、旧高商の大学が特に良いと、強くおすすめできます。

【一橋大学（旧東京高商）】 もちろん良い大学に決まっていますよね。説明不要です。

【神戸大学（旧神戸高商）】 神戸大学は経済学部と経営学部に分かれて設置されており、全国的にとても珍しいです。いかに商業系の伝統ある大学かということがわかりますね。

【大阪公立大学（旧市立大阪高商）】 現在の一橋、神戸大、大阪公立大が三高商と呼ばれていました。特に優れた3つの高等商業学校として、戦前からの高いブランドがあります。もちろん、今でも超がつく名門大学です。

この3校以外にも、高等商業学校だった大学を続けてご紹介していきます。

【小樽《おたる》商科大学（旧小樽高商）】 旧高商唯一の単科大学で、商学部のなかに4つの学科があります。

【福島大学（旧福島高商）】福島大学は今も経済学の名門です。

【横浜国立大学（旧横浜高商）】横浜国大も経営学部と経済学部の両方が存在するのは、高商の流れをくんでいるからなのです。

【富山大学（旧高岡高商）】経済学部には夜間主コースもあります。

【名古屋大学（旧名古屋高商）】なんと名古屋大学になったんですね。旧帝大の一角ですので言わずもがな難関です。

【滋賀大学（旧彦根《ひこね》高商）】データサイエンス学部で話題の滋賀大学。大津ではなく彦根にできたために、滋賀大学の本部は今も彦根にあります。

【和歌山大学（旧和歌山高商）】ここも伝統校です。1学科5プログラムとなっています。

【山口大学（旧山口高商）】実は、岡山大学や広島大学の経済学部よりも山口大学のほうがある意味では伝統校です。偏差値だけでははかれないものがあります。

【香川大学（旧高松高商）】四国に国立の経済学部は、香川大学しかありません。四国では非常にブランドが高いです。

【長崎大学（旧長崎高商）】現在も経済学部だけキャンパスが別です。長崎の町の中で本部と離れています。それはやはり、経済の学校として名門だという自負があり、もともとのキャンパスから離れたくないのかも知れません。

【大分大学（旧大分高商）】 ここも伝統があります。九州では非常に人気。

最後に2つ、公立の高等商業学校だったところです。

【横浜市立大学（旧横浜市立横浜商業専門学校）】 やはり経済・経営・商業系の名門です。横国大よりは手が届きやすいのでおすすめです。

【兵庫県立大学（旧兵庫県立神戸高等商業学校）】 国際商経学部があります。横浜と神戸は非常にビジネスが盛んな土地で、戦前からこのように国公立で名門の商業学校が2つもあったのです。

以上、国公立おすすめの経済学部、旧高商16校をご紹介しました。経済学部志望の人、地元の大学を受ける前にぜひご検討ください。

公立という手もある

さて次に、理系の方におすすめの国公立を紹介していきたいと思います。とはいえこれまでにも書いたように、理系の場合は地域によって就職など大きく変わるものがあまりないんですね。ですので、国立に行きたくてちゃんと行けそうな方はそれぞれ好きなところに行ってもらうことにして、国立はどうも厳しそうだという方に向けたお話をしようと思います。

国公立は外せない条件だけど国立は厳しい……となれば当然公立が視野に入ってくるかと思います。しかし公立ってみんなあんまり知らない。ということで、理系に向けた公立大、とくにその中でも、工学部がおすすめの15校を紹介します。工学部に絞ったのは、公立大で理学系を設置しているところはそこまで多くないんですね。みなさん自力で探せると思うので、ここでは数が多くて迷いがちな工学部を見ていきます。

おすすめ公立大学工学部

公立で工学部のある15の大学を紹介します。

【三条市立大学工学部技術・経営工学科】２０２１年４月に新しく誕生しました。公立の工学部が新潟県にできたのです。新しい学校だとまだ卒業生はいないし就職が心配と思われますが、そんなことはありません。三条市は製造業、刃物を作ったりすることが非常に盛んでして、そこの人達が学歴の高い技術者がやはり欲しいということになっているそうで、就職は問題ないです。公立の工学部はたいてい就職も良いので、新設大学でも心配しないでどんどん受けてください。

【公立千歳科学技術大学理工学部】北海道です。もともとは私立だったのですが、公立になって人気が爆上げになりました。さらに、もともと慶應義塾出身の先生が多く、良い研究環境で光科学に強いです。

【公立はこだて未来大学】北海道函館《はこだて》市などが運営しているコンピューター専門の大学です。ここも評価が高い魅力的な大学です。

【岩手県立大学】ソフトウェア情報学部がありますので、コンピューターをやりたい人におすすめです。

【秋田県立大学】システム科学技術学部というのがあり、ほぼ工学部です。秋田は秋田大学にも理工学部があるし（改称予定）、この秋田県立大も非常に良いです。専任教員1人当たりの学生数（教授1人が面倒を見る学生の数）がなんと8人！　これは私立大学よりはるかに少なく、ハーバード大学と同じです。国立大学の工学部に匹敵するほど良い研究環境であると言えます。

【会津大学】 福島県です。共通テストが物理だけの1科目入試です。物理さえ得意であれば挑戦できるということです。2次試験は英語と数学がありますが……。会津大学もコンピューター系の公立大学の中では、評価の高い大学です。ぜひご検討ください。

【公立小松大学】 石川県にあります。新しい学校なのですが、いわゆる生産工学系、機械工学系の学科があり、ここもなかなか手堅い就職が可能だと思います。

【前橋工科大学】 群馬県の前橋市がやっている工業系の大学です。ぜひここもご検討ください。

【公立諏訪《すわ》東京理科大学】 私立の東京理科大がやっていた、諏訪東京理科大が公立になった大学です。ということで、地方の勉強ができる受験生が挑戦してきます。東京理科大のブランドもありますから就職は問題ないです。

【富山県立大学】 ここは工学部を持っていて、公立の工学部の中ではかなりの学科数です。富山県は薬が強いので、医薬品系の工学の学科もあります。富山県が頑張ってどんどん大きくしていて様々な学科があるので、ぜひ挑戦するといいと思います。2024年4月には情報工学部もできます。

【岡山県立大学】 ここもデザイン工学の学部を持っています。工学部というよりも多少デザイン寄りですが、興味のある人は挑戦してください。

【広島市立大学】 情報科学部を持っています。公立でコンピューターの勉強がしっかりできる大学は、けっこう東北に集中しているのですが、広島県にもあります。

【山陽小野田市立山口東京理科大学】 山口東京理科大学という私立大学が東京理科大の山口分校のような感じであったのですが、ここが公立になるときに、所在地の町の名前が山陽小野田市という長い名前の町だったので、こんな長い名前になりました。ここも東京理科大ブランドがあるのでおすすめです。

【高知工科大学】 高知県がやっている工業系の大学ですが、非常に規模が大きく、もう25年の歴史があり、社会的な評価も高まっています。工業系の大学としては、ほぼ全学問領域がありますから非常に良いです。

【北九州市立大学】国際環境工学部という工学部がありまして、九州の中ではなかなかの高い評価です。

このように地方の公立工学部はたくさんあります。なので自分の住んでいる県や近隣はもちろん、全国の公立大の工学部をぜひご検討ください。どこの大学も就職バッチリです！　ちゃんと全国の優良企業に入れます。

地方国公立の生活

地元から遠く離れた地域、しかも都会でもない場所に進学する場合、生活は本当に大丈夫なのか？　これが不安な高校生もいるんじゃないかなと思います。じゃあ実際どんな生活なのか？というのを、私の以前からの知り合いである鳥取大学の森川修先生に聞いて来ました。森川先生は出身も勤務先も鳥取大、そして今は教育工学などを専門に研究されています。また、鳥取県は人口約54万人で日本一人口の少ない県。そんな鳥取大のことを森川先生に聞けばもう地方国公立の生活はなんでもわかるだろうと。

まず鳥取大について簡単に説明しますが、私は非常に推している大学です。

とくに農学部志望の人には超おすすめ。農学部は、東大、京大にもありますし、明治大学や近畿《きんき》大学など、日本中にありますね。ですからもちろんどこに行ってもらってもかまわないんですが、私は鳥取大を強く推します。なぜならば、鳥取大学の農学部だけが、砂漠の緑化ができるからです。この研究は東大、京大ではできません。鳥取大だけなんです。なぜなのか。鳥取にはあるからです。砂漠が。うそです。砂丘があります。鳥取砂丘というのは別に観光地としてあるだけじゃなくて、鳥取県の人を苦しめてもいるんですね。農業をやっているのに砂が飛んでくるわけですから、野菜が育たないわけです。

そこで、そういう砂漠の国であったり、砂浜みたいなところで農業をやる研究を鳥取大農学部はやっているわけです。わざわざ大学のキャンパスとは別で砂丘に研究所を持っていて、まさにこの〝砂漠〟で植物を育てる、野菜を作るという研究を一生懸命やっています。乾燥地の分野の研究においては世界最高です。

そんな強みと魅力のある鳥取大の生活をのぞいてみましょう。

なんといっても安い

(山内) それでは森川先生、鳥取大の生活について教えてください。

(森川) まずは通学時間です。5分以内の学生が2割ぐらいいます。目と鼻の先ですね。

(山内) 2割ぐらいが大学から5分以内のところに住んでる?

(森川) はい。それも講義室が基準ですから、本当に大学の敷地に住んでるんじゃないかと思うぐらいです。正門を出てすぐのところにもワンルームマンションがいっぱいあります。通学時間が10分以内の学生で、7割超えてます。鳥取大学の学生の平均通学時間は、7~8分です。

(山内) それはみんな、下宿ということですね?

(森川) そうですね、鳥取大学の学生の83%は、鳥取県外の出身です。

(山内) 8割くらいが下宿?

(森川) 鳥取県内からの進学が17%なんですけど、鳥取県内でもキャンパスから遠いと

ころに住んでいる人もいますので、一人暮らししている学生がなんと9割です。それだけ多くの人が下宿していると、学生同士の距離が近いというか、仲が良いということもあるみたいですね。

（山内）へー！　都会の高校生や保護者が地方国公立に行かない最大の理由が、お金がかかるというもので、アパート代や、生活費がかかるんだっていうんですけど、これに対して先生、何か反論があるそうで。

（森川）はい。鳥取市内の平均家賃は3万1000円です。

（山内）安い。お風呂ついてます？

（森川）もちろんです。いわゆるセパレートタイプで3万1000円です。ユニットバスだとさらに1万円程度安いです。

（山内）え、ユニットバス、普通じゃないですか？　学生の一人暮らしは。

（森川）それは古いですね。今の鳥取大学の学生では、一人暮らしの9割はセパレートタイプに住んでいます。あと、部屋の広さは7・5畳が平均です。

（山内）それで3万円ぐらい？

（森川）はい。

（山内）すごい。でも本当にお金かからないんですかね？　たとえば大阪に住んで大阪の大学行く人に比べてでも生活費がかかりませんか？　食費や光熱費とか。

（森川）学生さんの仕送り額を調査したんですけども、5万円未満がなんと7割です。

（山内）5万円未満じゃ暮らせなくないですか？

（森川）不足する分を奨学金を借りたりとか、アルバイトをするなどして、仕送りとうまく組み合わせて生活しています。

（山内）じゃあ金銭的には問題ないんですね。え～、でも家から通える都会の私立に通ったほうが安くないですか？

（森川）いいえ。学費を計算しますと、国公立は4年間で約250万円です。それが理系の私立大学に行くと550万円くらいです。300万円も差が出ちゃうんですね。

（山内）学費だけでも300万円も私立のほうが高い。

（森川）はい。ただ、生活費は全国平均で比べると、300万円ほど、自宅生よりも一人暮らしのほうが高いことになってるんですけど、さっき言いましたように、鳥取市内の家賃は安いですよね。そうすると鳥取での生活費は、全国平均よりもなんと4年間で110万円以上安くなるんです。全国平均で620万円くらい、4年間の生活費がかかると言われていますけど、鳥取だと500万円くらいです。ということで、かなりお安く生活できます。

家から通う私立大学、もちろん快適かも知れませんけども、通学で1時間とか1時間半もかかったら、その時間ってもったいないですよね。それが鳥取大学だと大学の目の前に住んでいるのでいろいろな活動ができます。部活やサークルに入っている割合はなんと9割です。アルバイトは4分の3くらいが経験しています。さらに、鳥取県民はボランティアをする方が多いそうなんですけど、参加したことのある人は、なんと3分の1もいます。つまり通学に時間がかからないということでいろいろな体験ができます。そういう体験をすると、就活でも有利になったりするので、時間っていうのはすごく大事だと思います。毎日通学で満員電車に揺られて行くっていうのはしんどいじゃないですか。鳥取でひと月、満員電車がない暮らしに慣れちゃうと都会に戻れない。そんな気がしますね。

地方という選択肢

いかがでしたでしょうか。地方国公立の生活のリアルがわかっていただけましたか？個人的には大アリじゃないかと思いますね。特に都市部の人は、国公立は難しくても近くに私立がいろいろあるし……地方で一人暮らしなんて無理そうだし……と地方に行くことに消極的になりがちですが、ぜひ検討してください。

編入が狙える短大

国公立を目指して頑張っているみなさん。国立も公立もいよいよ厳しそうだとなるかもしれません。そのような時はさらにランクを下げるか、私立などを検討するか、浪人するかということになりますが、諦めてはいけません！　短大へ行ってください。

「えっ！　なんで短大なの？」

実は短大に入って2年勉強して、名門大学の3年生に編入するということにたけた短大、言うなれば予備校のような短大があるのです。しかも公立もあります。だから浪人するのであれば、短大に入るという手もアリかも知れません。

名門大に編入できる！

さっそくおすすめの短大を紹介していきましょう。

【大月短大】 東京から富士山に行く途中、山梨県に大月という町があります。この大月市がやっている公立の経済短大です。この短大が4年制大学への編入にとても力を入れており、国立5大学、私立30大学に推薦枠を持っています。なのでこの経済短大で2年間勉強したら、3年生からはいきなり有名大学の3年生になれてしまうのです。

大月短大の推薦先は、たとえば和歌山大経済学部、三重大人文学部、大分大経済学部、広島大経済学部などに枠があります。高校生が指定校推薦で大学に行くように、非常に高い確率でこれら名門大の3年生になれます。受験で高校生の時にうまくいかなくても国立大経済学部に入れてしまうのです。この大月短大という学校、首都圏からも十分通学できますから、ぜひご検討ください。

【三重短大】 先ほどの大月短大の中部地区版といった感じです。三重県の県庁所在地である津市がやっている公立短大です。法律と経済を学ぶ法経科、食物栄養科、それから生活科学科という福祉、心理、建築が学べる学科があります。そしてこの短大から国立の大学に推薦枠で行けるのです。

行き先としては、多様な大学に行くことができます。三重大学、和歌山大学、香川大学、佐賀大学、島根大学、福井大学などです。地方の人でこれらの国立大学に憧れてもなかなか受からないという人ももちろんいると思います。そんなあなたは三重短大に入るといいのです！　そして、ここの短大の教授が4年制大学の3年次編入をしたいあなたのために予備校の先生のように、手取り足取り受験指導までしてくれるのです。なので、国公立大学や名門私立大学に入りたい場合は、一度この短大に入ってから行くという手があります。

ここからは私立の短大です。

【京都外国語短大】　京都外国語大学がやっている短大で、この短大から京都外大や関西外大に編入が多いです。さらに、関大・京産・滋賀大・龍谷大《りゅうこく》にも編入をしています。

【新島学園短大】　群馬県にあります。群馬大・高崎経済大・埼玉大・都留《つる》文科大・富山大といった国公立大学への推薦枠があります。そして新島学園という名前でわかる通り、同志社大学の創立者新島襄《にいじまじょう》と縁が深いため、同志社にも推薦枠を持っています。だから群馬県の人は地元の新島短大に入って、3年生から京都の同志社へ、さらに日大・駒《こま》澤《ざわ》・東京経済といった東京の名門私大にも合格しています。

【近畿大学短大】なんと近畿大学が短大を持っているんですね。この近畿大学短大は卒業生の84％が四大に編入しています。近畿大学が自分でやっている予備校みたいなもので、近畿大学はもちろん、中央大学・同志社大学・関西大学・関西外大・京産大などに編入実績があります。

以上のおすすめ短大5校は、短大の先生が予備校のように鍛えてくれて、憧れの名門大に入れるという超裏技なのです。高校を卒業する時に、友達と「どこ受かったの？」と、「短大に行くんだ」と言って、「えっ！」と言われたとしても、気がついたら名門大卒業してました！ということになります。4年後を見てろよ！ということで頑張ってほしいと思います。

さて、本章では国公立大学についてまとめて見てきました。実は5回も受けられるということ、地方の魅力的な旧帝大、公立大の選び方や短大からの編入という奥の手まで、いろいろご紹介しました。国公立に行きたいけれど学力的に無理だから私立に……という考え方はもったいないと思います。行きたい気持ちがあるなら、ぜひ挑戦してみてください。

第3章　厳選！　魅力的な私立大160校

日本全国から優良私立大を厳選！

次は私立大学編です。まずは首都圏・関西圏の有名大学から、全国のおすすめ大学へと進んでいきましょう。私立大学の場合は、学生が全国から集まる傾向が強い国公立大学と違い、居住している地元で通学できる大学を選ぶ傾向が強まっており、早稲田、慶應といった東京の有名私立大学であっても、今や地方出身者は非常に減少しています。

この章では読者のみなさんは、現実的な進学先を探すために、自分の居住地域の大学の部分を優先的にお読みください。ただし、全国各地にいろんな大学があることを知るのは面白く、他地域の大学にも関心を持ってほしいと思い、全国から紹介します。すべての私立大学は紹介しきれないので、私が高校で講演をする際に生徒や先生から名前がよく出る、大規模な大学が中心になっていますが、ここで紹介しきれなかった大学の中にも、魅力的な素晴らしい大学があるのは言うまでもありません。

早慶・GMARCH

早稲田大学

まさか早稲田が第2志望？と思われるかもしれませんが、東大に挑んで不本意に早稲田に入学する学生も少なくないと聞きます。最近はそうした学生を歓迎しないのか、早稲田は附属高校や指定校推薦の入学者を大幅に増やし、高校生の頃から早稲田が本当に第1志望の高校生を求める傾向が強まっています。もう少しで東大に手が届きそうだったという学生は仮面浪人で再挑戦するかもしれませんが、早稲田大学自体、歴史と伝統ある魅力的な大学で、真摯に学べば多くのものが得られる素晴らしい大学であることは言うまでもありません。

慶應義塾大学

慶應は第2志望で不本意に行く大学というイメージは早稲田ほどはありません。私大の頂点の一つであり、望んで入れば高い満足感が得られます。慶應の最大の特徴はOB会「三田会」に代表される卒業生の結束の強さで、政財界、医師、マスコミ、ベンチャー起業家など日本を動かす側のリーダーになっていく若者と大学生時代に出会える「人脈」ができることが、最大のメリットです。若い読者のみなさんの多くは自分の才能で社会ではのし上がっていくイメージをお持ちだろうと思いますが、実際には学問も仕事もひととの関係性が重要であることを、慶應は私たちに教えてくれます。

明治大学

最近は第1志望で憧れて入る学生もかなり増えましたが、かつては早稲田の校歌が歌える学生ばかりと早大生に揶揄《やゆ》されたこともある大学でした。しかし、受験で負けを知ったハングリー精神でスポーツや就職には異様な強さを発揮し、ワイルドな校風を作ってきて社会からの評価はとても高いです。今は都会的でスマートな学生も増え、校舎も驚くほどきれいになり、学生の満足度も大きく向上しています。

青山学院大学

キリスト教系大学で、渋谷のオシャレなキャンパスで人気の大学です。ここも第2志望というよりは望んで第1志望にする生徒が多く、満足度の高い学生生活が送れます。一部の学部は4年間神奈川県の相模原《さがみはら》キャンパスですが、こちらもキレイな校舎です。

立教大学

池袋という大都会の中心にありながら、キリスト教系らしい赤レンガの美しい古い校舎が特徴的な大学です。図書館は建て直されてびっくりするほど使い勝手が良くなりました。一部の学部は埼玉県の新座キャンパスに4年間通います。ここも青山学院と同様に学生の満足度が高く、キャンパスライフが大いに楽しめる大学です。

中央大学

保護者世代だと「弁護士で有名」「多摩の郊外に引っ越した大学」でしたが、ついに2023年度から法学部だけは都心の茗荷谷《みょうがだに》に移転しました。郊外型キャンパスは何もないと言われた代わりに、娯楽のない学生が自分たちで様々な活動を頑張り、著名人を輩出しています。もちろん、静かな環境で勉学に集中もできる良い大学です。学食がおいしい。図書館も立派です。

法政大学

MARCHのトリとなる大学で、明治、中央と並ぶ質実剛健な校風でしたが、都心のキャンパスは再開発されて驚くほどキレイになり、国際、環境、デザインといったオシャレな学部も増えて女子学生比率が高まり、すっかりあか抜けた大学になりました。就職でも強さを発揮しており、東京で有名私大と認められることで最も得をしている大学だと思います。

【コラム】法政大はMARCHで最弱?

◆「就職活動においてMARCHと早慶はほぼ同格」

法政大学はMARCHの中で最下位みたいに言う人がいます。でもそれはあくまでも受験業界の話であって、はっきり言って就職では明治・立教・青学とまったく同じです。企業側からすればひとくくり、就職活動においては一軍です。MARCH未満の大学とは完全に扱いが違いますので超お得です。いわゆる一流企業でもちゃんと幹部候補生として採用してもらえる、そういうラインの大学です。大企業への就職で足切りされない、最後のラインという意味ではある意味早慶とも同格です。就職においては早慶からMARCHくらいの塊があるんです。なので、そういう意味で法政大学というのはやっぱりお得です。
法政大は、地方公務員の合格者数では全国1位になった年もあります。早稲田や慶應、中央も抜いている訳です。公務人材育成センターという組織がありまして、公務員講座と法曹講座をやっているので、弁護士や国家公務員、地方公務員を目指すことができます。公認会計士のほうも、高度会計人育成センターを設置して公認会計士養成に力を入れています。正直これは、青山学院や立教大学よりも力が入っていると、個人的には思います。入学したら自信を持って勉強をして、就職ではどんどん自分の希望進路をめがけて頑張っていただきたい。入学して伸びる、そういう大学です。

学習院大学

かつては皇族御用達の大学として高いブランドイメージを誇りました。今も目白の自然に囲まれた広いキャンパスはとても魅力的です。ノーブルな雰囲気から企業評価も高く、MARCHの他校に比べれば学生数が少ないため少人数教育のイメージがあり、とても良い大学です。上京してきた私が初めて見学した他大学であり、その美しさに衝撃を受け、全国大学めぐりをするきっかけになった大学です。

上理・三女子大

上智大学

全国に知られた名門キリスト教系大学ですが、早稲田、慶應に挑戦した人も多いと思います。早慶に比べ大学の規模が小さく、教育熱心な点、就職では高い評価を受けるお得な大学です。外国語学部や文学部などが特に知られています。

東京理科大学

私立理系最難関の伝統校ですが、それゆえに、さらなる高みを目指して国立大に挑んだ学生が多くいます。しかし、入学すれば落第も覚悟の私大最高水準の厳しい教育が受けられ、大学院では再度国立大に入学する猛者もいます。

津田塾大学・東京女子大学・日本女子大学

東京で名門とされる三女子大です。かつては女子受験生の最難関大学群でしたが、今は共学人気もあって受験の世界ではMARCHの次のポジションに位置しています。しかし、どの大学も長い歴史があり、教育に定評があり、卒業生の活躍で社会からの評価はとても高く、自信を持っておすすめできる大学です。

成成明学獨國武

成蹊《せいけい》大学

武蔵野市の吉祥寺にあり、春は桜並木、秋はいちょう並木が美しい、赤レンガの校舎の、テレビドラマのロケ地にもなる驚くほど美しいキャンパスの中規模大学で、三菱《みつびし》が創立や経営にかかわっていることもあり、学習院に次ぐ高貴なイメージを醸し出しており、就職の評価も高く、素晴らしい大学です。

成城大学

成蹊大学とコンビのように語られる大学で、閑静な高級住宅街の成城学園前にあります。規模は小さいですがやはり成蹊と同じ高級イメージで、都市型のオシャレな大学です。文芸学部文化史学科が民俗学で高い評価を受けています。

明治学院大学

主に1・2年生が横浜の戸塚、3・4年生が東京都心の白金に通学するキリスト教系大学で、青山学院や立教に連なる上品なイメージの大学です。女子学生が多く華やかな雰囲気です。

國學院大學

渋谷に本部がある大学で、神道が学べて神社に就職できることで特に知られています。国文学、歴史など、日本の文化を深く学べる大学として高い評価を受けています。キャンパス内に神社がある、国語教員養成で有名など、個性的な大学です。

【コラム】MARCH対國學院

◆「『なんでもMARCHが上』ではない」

MARCH対國學院、比べるまでもなくMARCHが勝ちだろう。待ってください。神道文化学部は國學院にしかありません。神主・神職になりたい人、神道、神社の勉強がしたい人は國學院に行くべきです。

MARCHと國學院のそれぞれの学部には強いところと弱いところがありまして、國學院大學はこの神道文化学部に関しては、非常に強い。でも、経済学部や法学部はMARCHや日東駒専と比べたときに、顕著な特徴がありません。じゃあ神道以外はMARCHのほうが強いのかというとそういうわけでもなく、國學院は文学部も非常に素晴らしい。日本文学、中国文学、外国語文化、史学科、歴史ですね。特に考古学、文化財、それから民俗学は非常に強い。そして哲学科を持っています。面白いのは神道とか日本文学の学校なのに哲学科はきっちり西洋哲学の勉強ができるのです。

ということで、もともと國學院大學は、文学部がものすごく強く、看板の大学です。ですから、偏差値でどっちが上か下かではなくて、文学、とくに民俗学や考古学、それから神道がやりたいという人は、MARCH、日東駒専と比較するとかではなく、國學院がオンリーワンですから、ぜひ行ってください。

武蔵大学

池袋の近く、江古田にあり、緑に囲まれた森の中のような静かなキャンパスで、学部数も少ない小規模な大学ですが、それゆえにゼミ教育に力を入れた教育の質の高さを売りにした大学で、首都圏では高い評価を受けています。

獨協大学

外国語学部が特に著名な国際派の大学で、埼玉県草加市にあります。経済学部や法学部であっても語学の授業に力を入れており、お得な大学です。かつては団地の中の古びたキャンパスでしたが、校舎は建て直されて教育環境は大幅に改善されました。

日東駒専・女子大

日本大学

日本一のマンモス大学で没個性に見えますが、実際には学部ごとにまったくキャンパスが違うかなり個性的な大学です。医学部、歯学部、理工学部、生物資源科学部など理系が伝統的に高い評価を受けています。「日芸」と言われる芸術学部も著名人を輩出しています。文理学部は小さな総合大学で、大きく美しいキャンパス。経済学部は水道橋で便利。法学部は公務員や法曹養成に力を入れるなど、魅力的な大学です。

東洋大学

私が在学していた25年前は落ち着いた、どちらかというと地味なイメージの大学でしたが、現在は国際性を売りに学部も増え、校舎も建て替えられ、首都圏では人気大学として評価されており、大変喜ばしいです。在学中も蔵書の多い図書館にはお世話になりました。しっかり勉強できる環境です。

駒澤《こまざわ》大学

渋谷から近く、駅の名前がそのまま「駒沢大学」です。それがコンプレックスという学生も少なくないようですが、受験で上位校に挑戦した証なので誇りを持って良いと思います。住宅地に校舎がひしめくキャンパスですが、大学としての雰囲気はなかなかのものです。曹洞宗の大学で禅を学べることも特徴です。

専修大学

東京都心の神田神保町が発祥ですが、郊外の向ヶ丘遊園にある学部のほうが多くなっています。山の斜面に高層校舎がひしめいていますが、図書館や学食などの設備は素晴らしい。最大の特徴は就職支援で非常に熱意があり、就職ではMARCHに負けないという気迫を感じます。

昭和女子大学・大妻女子大学・共立女子大学・実践女子大学・東京家政大学

津田塾、東京女子、日本女子に次ぐ高い評価を受ける女子大で、どこも文学部と家政学部を中心とした学部・学科構成になっています。女子教育の殿堂として、創立者の高い理想と質の高い教育に個性があるので、志望する人はそれぞれ調べてみましょう。

東京四理工など

芝浦工業大学

東京理科大学に次ぐ高い評価を受ける工業大学で、多くの学部を持っています。メインとなる豊洲《とよす》キャンパスは企業の本社や高層マンションに囲まれた近未来的な立地です。教育の厳しさ、熱心さも理科大に匹敵すると言われますが、エンジニアとして企業からは非常に高い評価を受けています。

東京都市大学

かつての武蔵工業大学が総合大学化したものですが、やはり工学系が高い評価を受けています。文系学部も情報、環境、都市、データサイエンスなど先進的な教育に力を入れており、高度専門職業人の育成で定評のある大学です。

東京電機大学

北千住に本部があり、工学系の複数の学部があります。工業大学として高い評価を受けています。理工学部は埼玉県の鳩山《はとやま》町にあり、かなり離れています。

工学院大学

新宿駅前にある交通至便な工業大学ですが、1・2年は郊外の八王子キャンパスです。工業大学として高い評価を受けています。

千葉工業大学

千葉県の津田沼にある大規模工業大学で、ここまで紹介した四工大（東京四理工とも）に匹敵する高い評価を受けています。宇宙工学、ロボット、デザインなどに強みがあります。

東京農業大学

私立大学最大規模の農学系大学で、たくさんの学部があります。注目すべきは文系3教科で受験できる文系寄りの農学系の学部・学科も多いことで、文系受験生にもおすすめです。

北里大学

医学部が有名ですが、薬学、理学、海洋、医療衛生、獣医なども擁する、生命科学の総合大学です。

大東亜帝国など

大東文化大学

スポーツと教員養成で有名ですが、文系総合大学として多くの学部を有しています。知名度が高いこともあり学生の自己肯定感が強い印象です。1、2年生が通う郊外の東松山キャンパスは駅からバスで遠いですが、やたら広くて校舎も大きく自然に囲まれており雄大な雰囲気です。

東海大学

北海道や九州にまでキャンパスがあるマンモス大学で、医学、海洋、情報など理工系が非常に強くなっています。スポーツでも有名です。文系学部もたくさんあり、主要な学部が集結する湘南《しょうなん》キャンパスはとても広くて建物が多く、大学らしい雰囲気に満ちています。

亜細亜《あじあ》大学

交通の便が良い武蔵野市にあり、比較的規模が小さく都会的でアットホームな大学で、学生たちは楽しく過ごしている印象です。都会にあるのが功を奏しているのか就職も強いとPRをしており、入学したらしっかり勉強すれば成果は出るでしょう。

帝京大学

スポーツのイメージが強いですが医学部も有名で、近年は医療系学部を拡充しています。本部は都心ですが、ほとんどの文系学部は郊外の八王子キャンパスにあり、ここが帝京大学のイメージの中心となっています。丘の上に高層ビルが建つニュータウンのような雰囲気です。

国士舘《こくしかん》大学

　ここもスポーツのイメージが強いですが、近年は体育学部のスポーツ医科学科が救急救命士養成で知られ、消防方面に多数の卒業生が進出して一大グループになっています。法学部は警察官養成にも力を入れており、なんというか「現場主義」のイメージの大学で、企業からの期待も大きそうです。教員養成にも力を入れています。

拓殖大学

　いわゆる「大東亜帝国」と雰囲気や受験難易度は近いのに、グループに入っていないので知名度で損をしていますが、戦前からある伝統校です。国際系、外国語、政経、商学などに強みがあります。

杏林《きょうりん》大学

　医学部のイメージが強いですが、外国語学部と総合政策学部があります。かつては八王子の郊外のとても交通の便が悪い場所でしたが、三鷹《みたか》に移転して大きく改善されました。

東京経済大学

戦前からある商業学校の伝統を持つ、ビジネス系の名門で、就職で強さを発揮しています。やる気のある学生を伸ばす教育に力を入れており、おすすめできる大学の一つです。

神奈川大学

横浜にある総合大学で、経済、経営といったビジネス系と、外国語、国際系に強みを発揮している他、法学部が公務員養成に力を入れる、実学系の大学です。みなとみらいに美しい高層ビルのキャンパスもできました。理工系学部も増やしています。

文教大学

埼玉県越谷《こしがや》市にある教育学部が、とても高い評価を受けている大学で、教員養成の名門です。文学部や人間科学部がこれに続きます。湘南にあった経営学部と国際学部は東京の足立区に移転してきました。

産業能率大学

経営学部の単科大学のような雰囲気の小規模大学ですが、ＰＢＬ、アクティブラーニ

ングなどの（意味は検索してください）先進的な教育で注目され、高校教員からの評価が高い大学です。自由が丘のオシャレな立地が好印象ですが、実は神奈川県伊勢原《いせはら》市にも学部があります。

玉川大学

成城大学に似たノーブルなイメージの大学で、教育熱心なことで知られています。小田急の玉川学園前駅から広大な山々に校舎が立ち並んでいます。ユニークな学部が多いので、教育内容をよく調べましょう。

明星大学

東京西部で教育学部がとても高い評価を受ける大学ですが、理工学部や経済学部なども擁する総合大学です。中央大学に隣接し、モノレールは同じ駅を使います。

立正大学

大崎に本部がある日蓮宗系の文系総合大学で、心理学や地理学が目玉です。一部の学部は埼玉県の熊谷《くまがや》キャンパスで、非常に離れています。校舎は建て替えが進んで非常にきれいです。

二松學舍《にしょうがくしゃ》大学

皇居に近い九段にある都市型大学で、夏目漱石も学んだ伝統校です。国文学に定評があり国語教員を輩出しています。近年は多様な学科が増えています。

武蔵野大学

お台場に都市型キャンパスを持つ大学です。かつては文学部の女子大という地味なポジションでしたが、現在はデータサイエンス学部、アントレプレナーシップ学部といった挑戦的な学部を新設したり、看護、薬学、工学、教育など手堅い拡大路線で、大きく評価を上げました。

関東学院大学

横浜にあるキリスト教系の総合大学で、神奈川県では人気の高い大学の一つです。たくさんの文系学部を擁しますが、理工学部の研究に定評があります。

桜美林大学

航空業界や芸術文化などユニークな学問分野を多数持つ個性的な大学で、東京都内に複数のキャンパスを持っています。

大正大学

都心の西巣鴨にある仏教系の大学で、駒澤や立正と雰囲気が似ています。文学、心理、福祉など人文系の教育に定評がある他、近年は表現学部が個性的な教育で話題です。都会にありながら地方国立大で見かける地域創生学部も珍しいです。

千葉商科大学

経済、商業、経営系の単科大学でしたが、今は人間社会、国際教養、政策情報、サービス創造など個性的な学部を増やした文系総合大学になっています。

城西大学

埼玉県坂戸市にあり、経済、経営、理学、薬学といった手堅い構成の大学です。

東京国際大学

埼玉県川越市にあり、経済、商、国際、スポーツなどに力を入れています。

首都圏の個性的な大学

女子栄養大学

埼玉県坂戸市にある管理栄養士養成の名門大学です。熱心な教育で知られています。

神田外語大学

千葉の海浜幕張にある、語学に特化したオシャレなキャンパスの大学で、教育内容に定評があります。

聖徳《せいとく》大学

千葉県松戸市にある女子大で、保育の分野では名門として知られています。

順天堂大学

伝統ある医学部とスポーツで著名ですが、近年は医療系学部や国際系学部を増設し、総合大学化しています。

デジタルハリウッド大学

映像、ゲーム、アニメなどの情報系エンタテイメント産業に特化したユニークな大学で、それぞれの分野で卒業生が活躍しています。

情報経営イノベーション専門職大学

2020年開学のまだ卒業生も出ていない新しい大学ですが、学生全員が起業を目指す最先端のビジネス系大学として私は注目しています。

帝京科学大学・帝京平成大学

帝京大学グループで、どちらも医療系学科を多く擁しています。専門的な職業を目指す受験生にはおすすめです。

東邦大学

医学部が有名ですが、薬学部もある他に、私大有数の6学科を有する理学部も大きな特徴です。

日本体育大学

知名度は高いですが、今や5学部もある総合大学になっています。学問分野が広がっているので、スポーツに限らず目指しても良いでしょう。

日本社会事業大学

厚生労働省と関係が深い福祉の名門大学です。偏差値に関係なく福祉業界志望なら目指す価値があります。

日本文化大学

八王子にある法学部の単科大ですが、警察官就職に非常に強い大学として一部で注目を集めています。

鎌倉女子大学

教員、保育士、管理栄養士の養成に強い大学です。

【コラム】首都圏の大学受験事情

◆「有名私大に偏りがち、中学受験の延長」

首都圏の高校の場合、マスコミで話題になるような東大に何十人も入るトップ高校を除けば、多くは首都圏の国公立大学は諦めているのが現実です。そもそも人口に比して国公立大学が少なすぎるのです。地方の高校生のように、地元国立大を目指して5教科7科目（2025年度から「情報」が加わって6教科8科目）を3年生の最後まで勉強して共通テストに臨むという人は少なく、多くが高校2年生で文系クラス、理系クラスに分かれ、それぞれ国語・英語・地歴公民、あるいは英語・数学・理科の3教科に絞って塾に通い受験勉強をします。こうして、中学受験や高校受験と変わらない点数競争になる様子は、加熱する中学受験のブランド志向と変わりません。そのため大学教育の内容ではなく、自分が点数競争でどのポジションにいるかが重要になり、偏差値や、ＭＡＲＣＨ、日東駒専といった大学群の大学に届くかどうかが重要になってきます。
しかし各大学の個性や教育、研究内容ではなく、一人ひとりの高校生がとった点数が大学の序列として世の中から見られる傾向はいびつだと私は思っています。もっと大学の教育や研究の内容で受験生が大学を選ぶ世の中になればいいと思っていたところ、いつのまにか私大は6割が推薦になっていました。では、中身で選ぶ時代が来たのかというと、推薦に頼って受験生を年内に大量に集めるのは、年明けの一般選抜で受験生が集まらない不人気の大学であることが多く、これはこれで悩ましいです。

関関同立

同志社大学

京大に挑戦した学生も多く、あえて第2志望校として取り上げましたが、関西ナンバーワン私大であることは間違いありません。京都御所に隣接した赤レンガのとても美しいキャンパスで、誇りを持って学べる環境です。郊外の京田辺に理系学部などがあります。

立命館大学

京都だけでなく滋賀や大阪までキャンパスを拡大しています。同志社大学に比べスマートさには欠けるがハングリー精神はありそうというのが親や教員など古い世代のイメージですが、校舎も新しくなり、教育改革が進んでいます。就職の評価も高く、変わり続けている大学です。高い目標や理想があり努力することができれば夢を実現できるでしょう。

関西学院大学

兵庫県西宮市と三田市にあり、スパニッシュ・ミッションスタイルの赤茶色の瓦屋根と白壁で統一されたとても美しい校舎群が素晴らしいキャンパス景観を作り出している大学で、大学は見た目の美しさも大切なのだと思い知らされる学校です。就職の評価も高く、関西の高校生であれば憧れの大学の一つでしょう。

関西大学

大阪を代表する私学の一つで、千里山キャンパスは都市とも呼べるような大規模なキャンパスになっています。学生も多く活気があります。関関同立の中ではトリのポジションに収まっていますがそれは受験の世界の話であり、就職では遜色ない評価を受ける場合もあります。著名人も輩出しており、楽しく充実したキャンパスライフが送れることは間違いありません。駅からの通学路が学生街になっている、いまどき貴重な大学です。

近甲龍産など

近畿《きんき》大学

近年、積極的な対外広報で注目を集めている大学ですが、もともと医学部、農学部、理工学部などが研究で高く評価される大学で、ようやく実力に見合った評価を社会から受けるようになったと私が感じている大学です。本部の東大阪キャンパスは学生数も多く多様な人が集まっていて非常に活気があり、関西大学と同様に大阪の元気を象徴する大学でしょう。

甲南大学

神戸にあるオシャレな大学で、東京だと学習院、成城、成蹊とよく似た高貴な校風です。文系中心の総合大学で、関関同立や近大に比べると規模が小さく、少人数で丁寧な教育が受けられるイメージで評価が高いです。

龍谷《りゅうこく》大学

浄土真宗の仏教系大学ですが、理工、農など理系も充実しています。京都の中心にあるキャンパスは趣深く、仏教学や文学を学びたければ充実した図書館があります。関西では一定の評価を受ける大学です。

京都産業大学

京都の北部にあるワンキャンパスの大学で、交通の便が悪いことがSNSなどでネタにされますが、理系学部は研究水準の高さで知られ、外国語・国際系も定評があり、経済、経営、法など社会科学系は就職支援の取り組みの熱心さで私は勝手に「西の専修」

と呼んでいる大学です。高低差があるキャンパスですが全学部が集まっているので活気があります。

佛教大学

京都にある浄土宗系の大学で、教員養成、社会福祉、文学などで高い評価を得ており、学問分野が重ならない京都産業大学とはすみ分けている感じです。金閣寺など世界遺産の寺に近い落ち着いた場所にキャンパスがあり、全国から集まった学生も京都らしい風情で満足することと思います。

摂南大学

近畿大学と併願する学生が多く、同じような学部をそろえています。国際系、理工学部が強いですが、農学、看護、経済、経営、法と一通りそろった総合大学です。

神戸学院大学

兵庫県では関西学院、甲南に続く総合私大で、文系、医療系など多彩な学部を擁します。ポートアイランドに新しいキャンパスを設置し、人気が高いです。

追手門学院大学

関西では「おぼっちゃん系大学」として一定の評価を得ていましたが、近年はキャンパス移転、新校舎で注目を浴び、教育改革も進んでいる大学です。

桃山学院大学

大阪南部にあり、摂南大学同様に近畿大学の併願校として知られるキリスト教系の大学です。キャンパスは新しくきれいですが、駅からやや歩きます。

大阪経済大学

東京経済大学と同様に、ビジネスの世界で高い評価を受ける伝統校です。経済、経営だけでなく、情報、人間科学、国際など様々な分野が学べます。大阪市内から近く交通の便も良いです。

大阪工業大学

摂南大学と同じ学校法人が運営する工業大学で、東京だと四工大（東京四理工）に匹敵する評価を得ている、工学系の総合大学です。

大和《やまと》大学

高校が有名な西大和学園が大阪に新設した大学で、保健医療、教育、理工、社会、政治経済など実学的な学部で構成されています。関西の高校でも知名度が高まってきています。

関西の注目私大

長浜バイオ大学

滋賀県長浜市にある、バイオに特化したユニークな大学で、関西だけでなく東海地方からも通学できます。国公立大の併願校としても機能しています。

大谷大学

京都市内にある浄土真宗系の大学で、龍谷大学と同じですが、あちらは西本願寺、こちらは東本願寺です。文学、国際、教育、社会と手堅く人文系中心にまとまっています。

京都外国語大学・関西外国語大学

関西では英語の得意な高校生に人気の高い大学で、どちらも語学教育や留学、航空・旅行業界といった憧れの進路への就職に力を入れています。

京都精華大学

マンガ学部が有名ですが、デザイン学部や国際文化学部、メディア表現学部など、芸術や人文系に多彩な分野を持つ大学です。

京都女子大学・同志社女子大学・神戸女学院大学・武庫川女子大学・甲南女子大学

関西には、伝統ある名門女子大があり、それぞれが特徴的な教育をしており、就職でも高い評価を受けています。

京都橘《たちばな》大学

もともと女子大だったのが共学化し総合大学になったため、京都で知名度、評価が急上昇した大学です。

大阪経済法科大学

かつてはあまり高い評価を受けていなかった時代もありますが、教育改革が進み、就職もＰＲするようになり、入った学生を鍛えて伸ばす大学として私は注目しています。

四天王寺大学

仏教系大学で、教員養成で知られています。人文系の伝統があります。

畿央大学

奈良県に2003年に開学した比較的新しい大学ですが、教員養成、看護、栄養などで高い評価を得て難関大学に成長しています。非常に経営上手な大学で、高校からの評価が高いです。

奈良大学

国立大学のようですが、私立大学です。文化財学科が有名で、博物館学芸員の就職に強いです。歴史や文学、地理などを奈良市で学びたいなら素晴らしい教育環境が整っています。

【コラム】関西私立受験の現状

◆「とにかく関西から出ない」

関西も首都圏同様に、国公立大学を目指すのは高学力層に限られ、家から通えない上に5教科を課す地方国公立大を目指すはずもなく、多くが関関同立に代表される有名私大を3教科で受験しますが、関東とはやや違いがあります。関西は秋の公募制推薦（学校推薦型選抜）が盛んで、これは実質的には英語と国語の2教科の学力試験のため、これに挑戦する受験生が多いのです。ただし関関同立はこの流れに乗らないため、中堅私大が第1志望の学生が多く受験しています。すなわち、大学の序列は各大学の入試制度の方針が作り出している面もあるのです。

地方に行かないと言っても、府県によって違いがあります。私が訪問した高校の印象では、大阪府と奈良県は関西から出ない傾向が非常に強いですが、兵庫県は中・四国に目が向くため、西日本の国公立大学、岡山大や香川大などを目指す傾向があります。京都府も意外と地方に行きます。福井大や島根大にためらわず進学する生徒も散見されます。国司として下向した過去の記憶があるからでしょうか。滋賀県は場所によっては名古屋も近いのですが強烈に京都志向です。

憧れても誰もが京大、阪大や関関同立に手が届きません。関西の高校生のみなさんは、地元だけでなく、全国の国公立大学もぜひ検討してください、共通テスト不要の総合型・学校推薦型選抜や、私大と同じ3教科入試の国公立大学もたくさんありますよ。

愛知県の私立大学

南山大学

名古屋ナンバーワン私学でキリスト教系、上智大学と雰囲気が似ており、実際に縁の深い大学です。外国語学部に定評があり、文系の学問領域はほぼ網羅しています。

愛知大学

名古屋では最も古い私立大学で、名古屋駅近くの新しいキャンパスに多くの学部が集まっています。公務員、教員、地元金融機関の就職に強い、手堅い大学です。

中京大学

かつてはスポーツのイメージが強い大学でしたが、今はそれに加え、総合大学として多彩な学部を擁しており、就職にも力を入れ、親世代の印象とはまったく変わって、大きくイメチェンして伸びた大学です。国際、経済、経営、法といった、他の大学にある学部であっても、個性的な教育に力を入れ、それを積極的にＰＲしています。

名城大学

理系の強い総合大学で、名古屋の日大、近大という感じです。理工、農、薬学部など理工系では国公立大学の併願校になっており、入学すれば地元愛知で手堅く就職できることは確実です。理系に強いため文系学部も引っ張られて評価されており（製造業就職を目指すなど）、特に文系の人にお得な大学です。

愛知学院大学

仏教系総合大学で、文系と医療系の学部構成になっています。愛知県内の上位私大に受験難易度では及びませんが、卒業生は地元で活躍しており、名古屋で就職する分には高い評価を受けられる大学です。

名古屋学院大学

キリスト教系の文系総合大学で、郊外キャンパスから名古屋市内に移転し、学部も増えて活気が出てきています。

愛知工業大学

付属高校の愛工大名電が野球で有名な大学ですが、製造業が盛んな愛知県の工業大学として地元企業から高い評価を得ています。

愛知淑徳大学

女子大から男女共学になり、学部も増えて総合大学になり、高い人気を得ている大学で、近年は医療系学科を拡充しています。

桜花学園大学

全国的な知名度は高くありませんが、名古屋では保育の名門として知られている大学です。

金城学院大学・椙山《すぎやま》女学園大学

名古屋を代表する二大名門女子大で、かつては愛知淑徳大を含む三大学で語られていました。文学、家政系だけでなく、看護、薬学、教育といった手に職を付ける多彩な学部・学科を擁しており、地元就職では伝統的に評価が高いです。

至学館大学

かつては中京女子大という名前でしたが男女共学化しました。スポーツでは非常に有名で数多くの著名な卒業生を輩出しています。

大同大学

大同特殊鋼が設立にかかわった工業大学で、地元製造業から高い評価を得ています。

中部大学

現在は総合大学ですがもともとは工業大学で、今も工学部が地元企業から高い評価を得ています。

豊田工業大学

なんとあのトヨタ自動車が経営する工業大学で、非常に高い研究・教育水準を誇り、地元では国公立大学に匹敵する高い評価を得ています。おすすめの大学です。

名古屋外国語大学

外国語学部の単科大と思いきや、国際系4学部の大規模な大学に成長しています。英語が得意な受験生に人気が高く、留学制度や語学教育が非常に充実しています。

名古屋学芸大学

名古屋外国語大学と同じキャンパスを共有する姉妹校で、デザイン、管理栄養、看護など手に職を付ける学部・学科で構成されており、地元では評価の高い大学です。

名古屋商科大学

経済、経営、商業系の大学ですが、名古屋にはライバルがひしめいており、やや存在感が薄い印象でした。しかし、ＭＢＡの教育を学部生に実施する経営管理課程を持つなど、教育内容で評価が上がっています。

日本福祉大学

社会福祉の分野では日本有数の伝統校で高い実績を誇ります。現在は総合大学化し、多彩な学部を擁します。

藤田医科大学

医学部が著名ですが、医療系学科はリハビリテーション、放射線、臨床検査など充実しており、名古屋の北里大学といった雰囲気です。

【コラム】愛知の大学受験事情

◆「地元志向と思いきや、学力上位層は全国に散る」

愛知県も首都圏や関西同様に、地元志向が強いのでしょうか？　はっきり言って、違います。私立大志望の場合は地元名古屋の私大が人気ですが、全国の国公立大学を目指して5教科勉強し、北海道でも九州でも行く傾向が非常に強いのです。特に理系、工学部であれば北見工大でも琉球《りゅうきゅう》大でも行き、名古屋に帰れば盛んな製造業で高い地位が約束される。そのため、名古屋大学が無理なら、まずは愛知から通える三重大や岐阜大、次は通えないけど心理的に近い静岡大、信州大、北陸3県も積極的に目指します。そうした大学も難しければ、秋田でも鳥取でもどこでも行きます。秋田県立大では愛知県出身者が学内で2番目に多かった年すらあるほどです。このため、高校でも一般選抜で5教科7科目を最後まで頑張ろう、みんなで共通テストを受けようという高校が非常に多く、首都圏や関西であればもうそれなりの大学に推薦で行ければいいやというランクの高校まで強固に一般志向です。一方で、総合型選抜・学校推薦型選抜は関心が薄い高校が多く、従来型の学力重視の気風が強く残る地域です。近隣の岐阜や三重、静岡の高校も、似たような進路指導の学校が多いですが、岐阜県などは探究学習に力を入れ、上位公立高校でも国立大の推薦に力を入れる高校が増えてきています。

東日本のおすすめ私大

札幌《さっぽろ》大学

ロシア語やアイヌ文化など、北海道らしい分野が深く学べる大学で、かつてはそれを学ぶために全国から学生が集まるイメージがありました。これからも頑張ってほしい大学です。

天使大学

名前ばかり注目されますが、看護と栄養の手堅い大学で、地元の評価は高いです。

藤女子大学

中島みゆきの母校で、北海道を代表する名門女子大です。文学部と人間生活学部があります。

北星学園大学

キリスト教系大学で、英文、社会福祉などの分野で評価が高いです。

北海学園大学

北海道ナンバーワン私大で、文系は北大や小樽《おたる》商科大の併願校にもなります。地元公務員や教員に卒業生を輩出しています。

北海商科大学

北海学園大学グループで、キャンパスも隣接しています。こちらは商業と観光系だけの小規模な大学ですが、北海学園と同等の高い評価を受けています。

酪農学園大学

その名の通り酪農後継者を養成するいかにも北海道らしい大学で、札幌郊外の江別市に広大な牧場がある素晴らしい景観のキャンパスを擁する大学です。獣医学も学べます。動物や農業に興味のある学生には最高の環境でしょう。北大農学部・獣医学部や帯広畜産大の併願校です。

東北学院大学

宮城県仙台市にある総合大学で、東北一円から学生が集まります。文学、経済、経営、法、工に加え、地域総合、人間科学、情報、国際の4学部が2023年に増設されました。

東北福祉大学

同じく仙台市にある、こちらは仏教系の大学で、以前から福祉分野では名門でしたが、今や教育学や情報系なども擁する文系総合大学になっており、東北の高校生からよく名前が出る人気大学の一つです。

宮城学院女子大学

仙台を代表する名門女子大で、文学、音楽、経営、心理、教育、栄養、デザインなど多彩な分野が学べます。図書館が充実しています。

東北芸術工科大学

山形市にある私立の美術大学で、全国的な知名度はまだまだですが、東北では数少ない芸術系大学ということで高い人気を誇ります。1992年創立とまだ新しい大学ですが、著名なマンガ家が出るなど卒業生がじわじわ社会で活躍しています。

東北公益文科大学

山形県酒田市にある単科大学ですが、教育や経営で工夫を重ね、地元から評価される、

少子化時代でも生き残れる地方私大として努力しており、注目できる大学です。

東日本国際大学

福島県いわき市にある、経済経営学部と健康福祉学部だけの小さな大学です。福島県は大学進学者の多くが東京に流出してしまい、いかに地元から選ばれる大学になれるかが重要です。この大学は縁あって知り合いの先生が多いので、応援する意味で取り上げました。頑張って生き残ってほしい地方私大です。

国際医療福祉大学

栃木県大田原市にある医療系大学ですが、東京都心や福岡県、千葉県、神奈川県にもキャンパスを持つ巨大大学に成長し、医学部もあります。医療系の資格取得を目指す受験生にはおすすめの大学です。

自治医科大学

栃木県にある私立医科大です。私は医学部には詳しくないので、本書ではあまり多く紹介できないのですが、ここは特別な医科大学で、全国各地の僻地《へきち》で活躍する医師を養成するという大きな使命を持った大学です。そのため、なんと学費は無料です。

白鷗《はくおう》大学

栃木県小山市にある文系大学ですが、奨学金制度が充実しており、都会の大学に行かず地元にとどまる学生の獲得に成功しています。生き残れる地方私大だと思います。

共愛学園前橋国際大学・高崎商科大学

群馬県も首都圏有名私大に流出が多い県ですが、この2つの大学はそれぞれ人文・国際系、経営・会計系で地元で高い評価を得ており、わざわざ都会の大規模大学に行かなくても地元で良い私大があるとPRしています。

新潟医療福祉大学

医療経営、医療技術、社会福祉、健康科学、リハビリテーション、看護の6学部からなる医療系総合大学です。これらの職業を目指すなら最適でしょう。

金沢工業大学

「面倒見の良い大学」としてよくマスコミに取り上げられる大学です。教育熱心なことや、学生の研究設備・環境が非常に整っていることで、高い評価を得ている地方工業大学です。

金沢星稜《せいりょう》大学

文系版金沢工大とでも言いましょうか。経済、人文、人間科学の3学部という小規模な大学ですが、就職支援や公務員、教員養成で高い評価を得ており、北陸ではナンバーワン文系私大のポジションを確立しました。

山梨学院大学

スポーツで有名ですが、公務員養成、栄養、最近では国際リベラルアーツ学部も注目されている、様々なことに挑戦している大学です。東京からの通学生もいます。

松本大学

長野県松本市にある、長野県では数少ない文系私大です。長野県も東京の私大に進学する学生が多いのですが、金銭的に厳しい家庭もあり、地元長野県内の進学先として選ばれてほしい大学です。

岐阜聖徳学園大学

常葉大学

教員養成で高い評価を受けており、愛知県、名古屋市からも多くの学生が通います。

静岡県を代表する文系・医療系の総合大学で、教員養成に定評がある他、新設された法学部が公務員養成に力を入れています。

皇學館大学

三重県伊勢《いせ》市にある神道系大学で、東京の國學院大學と同様に神職養成で知られています。文学や教員養成でも評価が高いです。

西日本のおすすめ私大

岡山理科大学

地方私大ながら理工系がかなり充実しており、理、工、生物地球、獣医、情報理工、生命科学といった学部を持ちます。文系も経営学部と教育学部があり、中・四国では国公立大の併願校として選ばれています。

川崎医療福祉大学

川崎医科大学のグループ校で、医療技術、医療福祉、医療福祉マネジメント、リハビリテーション、保健看護の5学部があり、医療人材を育成しています。

広島工業大学

広島県を代表する私立工業大学で、手堅いエンジニアを養成しています。ただし実は広島県には東広島市に近畿大学工学部があり、広島ではこちらも評価が高いため、ライバル関係にあります。

広島国際大学

名前だけ見ると外国語系の大学のようですが、実際には医療系大学で、大阪工業大・摂南大学のグループです。看護、リハビリ、栄養、スポーツ、薬学などの分野があります。

広島修道大学

広島県を代表する文系総合大学で、東西南北（東北学院、西南学院、南山、北海学園）に並ぶ地方の名門大です。地元公務員、金融機関などに卒業生を輩出しています。

福山大学

岡山と広島に挟まれた福山市にあり、全国的にはあまり注目されていないのですが、私が応援したい大学です。県庁所在地でない大都市で国公立大学もない環境で充実した大学を作り、地元に大きく貢献した創立者は尊敬に値します。

安田女子大学

広島市を代表する女子大で、文学、教育、ビジネス、家政、心理、看護、薬学などを擁する総合大学になっています。広島県では修道と人気を二分する名門女子大に成長しました。

松山大学

商科大学として長い伝統があり、経済、経営系の名門として知られている、四国ナンバーワンの私立大学です。法、人文、薬学部もあります。キャンパスは愛媛大学のすぐ隣です。

【コラム】地方の大学受験事情

◆「誰もが地元国公立大には入れないから」

大都市圏を除く多くの地方の大学受験事情はどうなっているでしょうか。まず、各県の地元国立大学を目指します。岩手県なら岩手大学、岡山県なら岡山大学という感じですね。もちろん、優秀な人は東北大、九州大といった地元のさらなる有名大に挑みます。ただし、大学進学率が高校生の半分近くとなった今、誰もが国立大に手が届くわけではありません。そうした事情もあり、近年は地方で公立大が激増しています（十分な数の大学がある首都圏や関西圏、名古屋では、民業圧迫になるのでこれ以上公立大学が増えることはありませんが）。

国公立大は私大より学費が安いため人気があり、遠い他県であっても受験します。最近は国立大も大学によっては3割、公立大も4割近くを推薦で獲る大学もあり、一般選抜で地元国立大に手が届かない高校や生徒は、総合型・学校推薦型選抜を積極的に活用して逆転を狙います。地方私大の多くは全国からの受験者が少ないから偏差値が低いだけで、地元のニーズがあり、手堅く人気を集めている大学が多いです。こちらも近年は推薦で年内に大半の学生を獲得する大学が増加しており、一般選抜が形骸化してきている大学もあります。このように、地方では生徒の学力に応じて国立大・公立大・私立大が高校のランクのように序列化されて機能しています。

西南学院大学

福岡県ナンバーワン、すなわち九州一の私大とされる、キリスト教系の文系総合大学で、上智大学や南山大学と雰囲気が似ています。国際性や語学・留学などに定評があります。

福岡大学

医学部や理系も充実した九州版日大ですが、日大との大きな違いはワンキャンパスであることで、福岡市郊外に巨大都市のようなキャンパスを持ち、設備もとても充実しています。九州を代表する人気私大です。

九州産業大学

福岡市では西南学院大、福岡大に次ぎ三番手のイメージがある私大ですが、理工系が充実している他に、芸術学部がマンガ家や芸能人など著名人を輩出する「九州の日芸」で、個性的な大学です。

久留米《くるめ》大学

医学部と文系という不思議な構成の大学です。文系総合大学としても充実した陣容なので私はおすすめできます。

産業医科大学

私立大学ですが、産業医を養成するという特別な使命があるため、学費が大幅に免除される制度があります。北九州市にあり、全国から学生が集まります。

中村学園大学

福岡市中心部にある、流通、教育、栄養の大学です。女子学生が8割を占め、活気があります。

福岡工業大学

金沢工業大学の九州版とでもいいましょうか、質の高い教育と素晴らしい研究設備で、九州では国公立大学工学部の併願校になるほど評価が高まっている工業大学です。

熊本学園大学

商業系で伝統を誇る大学で、熊本ナンバーワン文系私大となっています。

崇城《そうじょう》大学

旧称は熊本工業大学といいます。学部は増えましたが今でも工業系大学として高い評価を得ています。

立命館アジア太平洋大学

大分県別府市にあり、学生の半分が留学生ということで全国的にも大きな注目を集めている大学です。

南九州大学

宮崎県都城《みやこのじょう》市にあります。日本最南端の私立農学系大学ということで、個人的に応援したい大学です。健康栄養、人間発達、環境園芸の3学部があります。

宮崎国際大学

わずか定員100人の国際教養学部比較文化学科の大学ですが、本物の米国流リベラルアーツ教育を実施しています。教育学部もあります。

鹿児島国際大学

伝統ある高等商業学校が発祥の、経済、経営系の名門大学です。

沖縄国際大学

宜野湾《ぎのわん》市にある文系総合大学で、経済、経営、法律などの他に、福祉や琉球文化も学べます。

偏差値にとらわれない

全国には約800もの大学がありますが、多くの受験生は自分の生まれ育った地域と、自分の学力に合った大学を選ぶため、大学の選択肢は狭いのが現実です。でもそれは、すべての大学に足を運んだ私から見れば実にもったいない話です。保護者が受験生の頃の大学入試は純粋な点数競争の世界だったかもしれませんが、今は高校時代に頑張った経験をPRできれば総合型・学校推薦型選抜も駆使して、上位国立大や難関私大にも挑める時代ですし、自分の住んでいる地域の外に、魅力的な教育・研究を行っている、本当に自分に合った大学があるかもしれないのです。

特に、学力の序列とされる「偏差値」にこだわりすぎないでください。わざわざ偏差値の低い高校を選ぶ人はいなかったと思いますが、それは、普通科高校の多くには学力以外の個性が無いからです。大学は違います。「そこの大学にしかない学び」がありま す。就職だって、なんでも有名大学ではありません。有名大学が有利である傾向は否定しませんが、若いみなさんであれば、「誰かに褒められる栄達」よりも「自分にとっての幸福」が重要であることはよくおわかりのはずです。親や先生のためではなく、自分にとっての最良の選択をしてください。

第4章　推薦で半分が大学に行く時代の勝ち方

推薦を受けさせてもらえない

第2章の冒頭で「一般選抜も推薦選抜も受けましょうね」というお話をしましたが、そういうとこういう声が生徒さんたちから返ってくるんです。

「うちの高校は推薦を受けるのに消極的だから無理です」

これ本当によく聞きます。しかしそれで諦めるには惜しい。だってチャンスをみすみす捨てているんですからね。なので本章では先生たちを説得する方法、推薦を受ける際に準備しておくことや面接で注意すべきことなど、一連のポイントを解説します。

しかしその前に、そもそもなぜ先生たちは推薦に厳しいんですかね？ というところに触れてみましょう。

自称進学校はなぜ厳しいのか

よくネットで見る自称進学校という言葉がありますよね。名門進学校ほどじゃない高校とかで、進学校と名乗っているのですが、だいたいこういう学校で言われるのが、「模試をたくさん受けさせられる」とか「無理やり国公立大学に行けと言われる」とか、「土曜日曜や夏休みに補習がいっぱいある」とか、あるあるですね。そして、不思議なことにめちゃくちゃ校則が厳しい。

私、疑問だったんですよ。自称進学校と言っても、ほとんどの生徒が大学を目指しているじゃないですか、みんな優秀ですよ、本当に。真面目に勉強して大学に行く気がちゃんとある。そういう生徒さんばかりのところなのに、厳しい校則で生徒を縛るなんて、時代遅れですし、受験に関係ないじゃないですか。と、思っていたんですけど、最近、その理由が少し見えてきたかもと。

まず、自称進学校でいやだいやだとみなさんが言っている共通点は、望んでいないのに強制的にいろいろやらされるのが嫌なんですね。やりたくもない補習を休日に受け、模試も興味ないのに受け、そして先生たちの国公立推しに負けて私立の勉強だけすることができない。嫌な人にとっては嫌なのはわかるのですが、私はこれ高校側からのみなさんに対する愛なんじゃないかと思ったのです。どういうことか。みなさんはこう思われているんです。

自発的に勉強しない自称進学校の生徒

「トップ進学校と違って言われないと勉強しない」

こういうふうに先生方は感じているんだと思います。トップ進学校が自由なのは、言われなくても勝手に勉強するからです。彼らは一流大学に入りたい。そして実際自分でちゃんと勉強して入ることができる。だから自由なんですね。制服がない学校なんかもけっこう多かったりして。

一方自称進学校のみなさんの場合は、コーチがついて厳しく指導してあげないと勉強しないということが前提になっているんですね。自発的にやらない。だからやらされる勉強が多い。でも納得してやっている人も周りには意外と多いでしょ。それは、言われたことをちゃんとやるという進め方が向いているタイプの人。みなさんのクラスメイトにはそういう人が多いからこのやり方なんですね。放っておいたらさぼっちゃうんですよ。でも、「あれをやれ」「これをやれ」「模試を受けろ」「国立を目指せ」と言われたら「あ、そうなんだ」と思って頑張れるタイプの人が多いから、自称進学校というのはどうしてもやらされる勉強が多くなっちゃうんですね。

大変言いづらいんですけど、本当に学校が嫌だと思っている人、少数派です。うそだ！と思うかもしれませんが、クラスメイトの多くは言われたことをちゃんとやる勉強が内心では好きなんです。好きというか、トップ進学校の子のように自分で考えて勉強ができないのです。ダイエットといっしょ。ちゃんと自分でできる人は、他人を頼る必要ないですよね。できない人は誰かにきちんとコントロールしてもらうしかない。もう気づきましたね。だから校則が厳しいんですよ。

そう、はっきり言えば自己管理できないと思われているのです。トップ進学校のように制服がなくて自由な学校でも名門大学目指して勝手に勉強するのではなくて、勉強も私生活も高校側がコントロールしてあげなくては……というのが、自称進学校なんですね。気に入らないのはわかる。

反発しても大学に受かるわけではない

でも重要なのは抵抗を続けることじゃない。反発してもあなたは大学に受かりません。重要なのは、そう思われていたんだと自覚することなんですね。

たとえば、学校側が国立に行けというけど、自分は私立に行きたい。気持ちはわかります。でも、そもそもなんで向こう（学校側）はそう言ってくるのか考えてください。それは5教科入試の国立ではなくて3教科入試の私立に行くと言うことで、あなたが楽をしようとしていると思われているから。推薦についても、勉強する気がないから安易な推薦を使おうとしていると思って、先生方が抵抗するんですね。

そのため、心の中では反感を持っても落ち着いてこう言ってください。サボりたいから私大を選んでいるわけじゃないのだと。たとえば、私立の○○大学に行きたいという時に、こういう研究や教育に関心があったり、こういう仕事に就きたいから目指すんであって、楽をしたいから私立に行くわけではない。楽をしたいから総合型選抜を使うわけじゃないのだということを親と先生に納得をしてもらって、ちゃんと勉強をやって、態度で示して、結果を出せば文句は言われません。

ということで、校則が変に厳しかったり、学校からいろいろやらされるということに抵抗感を持っている人、わかりますが、学校と戦うのは時間がかかります。時間は夢をかなえるほうに使うのです。

高校の先生を説得する

なのでここからは、実際に先生が推薦否定派だった場合にどうするかを紹介します。自称進学校の先生たちの中には、大学入試とは勉強のテストの点数だけで行くものであって、推薦なんてとんでもないという考え方の人がまだまだ多くいます。そうしますと、みなさんはこれから、推薦選抜というものに対して偏見を持っている人を説得しつつ、推薦をもらわなきゃいけない。そんな場合の対策を教えましょう。

まずは先生の意見を受け入れる

それは、学校が受けろと言っている入試も受けてください。先ほどお話ししたように、自分がいかにその大学に行きたいのか、勉強をさぼりたいからじゃないという熱意を伝えるのは大事です。そうやってわかってもらうのは必要ですが、正直なところ、入っちゃった高校には基本姿勢としては逆らわないほうがいいです。

あなたが地方高校にいて、全員共通テストを受けて国立行けと言うんだったらそのとおりに一応はする。そうですね、あなたが長野県に住んでいれば、信州大学に行くと。富山県なら富山大学へ行くと、一応言っておく。そして志望校にも加えておく、「富山大学です」「信州大学です」「長野県立大学です」と。従順に高校の先生に従っておいて、もちろんそれで頑張るんですが加えて、推薦で慶應SFCを受けてもいいですかと言うんですね。妥協点を探っていきましょう。

あとは、あなたのほうで本当に入りたい名門私立大学や難関国立大学に向けての勉強や推薦の準備もやっておく。特に国公立の共通テストありの推薦の場合は、結局学力の勉強必要なわけですから、普段の学力テストの対策もしておく。推薦だけで、勉強せずに大学に入ろうと思うと先生が敵になるんですよ。でもあなた自身のためにも普段の勉強をやっておくことは無駄にならないので、基本は親や先生の考える古いルールの中で勉強をしてください。

プラスアルファの挑戦としての推薦

でも、そうすることで向こうに一つ譲歩しているわけですよ。先生の言うとおりの大学を受けますよ。でも、プラスアルファの挑戦は許してくださいねというふうに説得する。推薦では本当に行きたい大学や一般では受からない難関大学、東大であったり慶應のSFCであったり、どこでもかまわないので、それを加えて、地元の国立も両方受かってからどっちに行くか考えますと。もちろん静岡大学も信州大学もいい学校ですから。

本音を言うと、高校の先生というのは有名な大学に何人受かったかという数字が大事なんですよ。決してこれは悪いことじゃありません。進学校はそういうもんです。だから、みなさんが国公立に受かってさえいれば、どこに入学するかしないかは好きに決めて大丈夫。これがいちばんスマートなやり方だと思います。なので地元の国立も都会の私立も受かったうえで、「先生、いろいろ考えたんだけど富山大じゃなくて明治大に行きたい」と言えば、もう先生は止めないはずです。なぜならば、国公立の合格者数は高校側が稼いでいるからです。こういうやり方というのはちょっと戦略的なので、高校生のうちだと親や先生に反発しがちなのですが、ちょっと大人の世界のビジネス的に考えてみてください。

たとえば、あなたは新入社員みたいな若手の社員です。部長や課長、社長や取引先といったような偉い人が上にひしめいているときに、偉い人たちに向かってとくに他の案もないままに「社長のやり方間違っていますよ」なんて言う若造、嫌われるじゃないですか。これじゃうまくいかないんですよ。

上の人も納得するようにうまく説得して、新しいビジネスをやっていかなければ会社は回りません。これをちょっと意識して親や先生と意見が分かれた場合には、彼らの意をくんだ勉強もやってください。くれぐれも親や先生とはケンカせず柔軟にやる。ということで、推薦で挑戦したいという学校があること自体は素晴らしい。あとは、ケンカで労力を使わないで、本当に行きたい進路に行くというひと工夫をしてください。

まあそんなことせず、最初から推薦に納得してもらってそれだけに一点集中するという方法ももちろんありますが、個人的には、それはそれで怖いと思いますよ。

推薦だけに絞らない

いるんですよ。推薦ですごい難関大に行くぞと思いこんでいて、そればっかりやる人。でも大変厳しいですから、うまくいかない。推薦で落ちてしまった時にはもう時期が遅く一般選抜で行ける大学のランクがかなり下がってしまうというケース、たくさん見てきました。すごくもったいないです。一般もいくつも受けるつもりでいたほうがいい。何度も言いますが、国公立大学はその気になれば5回受けられますからね。ぜんぶ受けるぐらいの気合でいていいと思います。

推薦や自分の行きたい大学に本気になるのはいいことですが、それは一般選抜や他の選択肢を捨てるということではありませんので、推薦のみに絞ったりせずバランスよくやっていってください。

勝ちに行くために

先生や親を突破したらいよいよ推薦を受ける準備をはじめましょう。まず重要なのは、

「3ポリ」を読むことです。

各大学はホームページなどで、うちの大学のポリシーはこれですよという3つのポリシーを出しているんですね。アドミッションポリシーとカリキュラムポリシーとディプロマポリシーです。

アドミッションポリシーがまずみなさんには一番大事な部分。つまりこれは、我が大学はどういう受験生に来てほしいかという、入試についてのポリシーです。これは絶対読んでおかないと推薦に受からないです。

次にカリキュラムポリシー。「なぜうちの大学受けたの」と面接や書類選考で絶対聞かれます。この時に重要なのがカリキュラムポリシーです。これは、その大学の教育の中身です。たとえば我が大学の外国語学部の英語学科ではこんなふうに英語力が付いたり、英米文学の勉強ができたりしますというのを大学側が出しています。これをちゃんと読んだ上で、だから私は○○大学外国語学部英語学科に入りたいのですとちゃんと言えること。

最後、ディプロマポリシー。意外とこれが重要なんですよ。なぜならば、ディプロマポリシーというのは、大学を卒業した後の就職の部分だからです。これは、我が大学は企業や社会から見てこんなことができるという人材を育てていますよという大学側のPRなんですね。たとえば外国語学部英語学科だったら、「英語を使って国際的なビジネスで活躍ができるようになる」とか、「いろんな文化の人と仲良くコミュニケーションが取れるような人間になれますよ」というメッセージを出しています。これをしっかり読んどかないと、なんでウチの大学を目指したのという時に、「なんとなく英語に興味がある」とか「一般選抜は難しそうだし」だと瞬殺です。この大学で4年間過ごして、自分は社会でどんなふうに活躍したいのかをディプロマポリシーに照らし合わせて考えておきましょう。

推薦準備の初手はこの3つのポリシーをちゃんと読むことです。先日ある高校生とZOOMでやりとりしたのですが、なんとその人は、自分の入りたい学科、たとえば社会福祉学科のある、気になる20大学の3ポリを全部読んでいました。こういう学生がほしいというメッセージを全部読んで、自分に合っている大学を4つ探してきて、この4つを受験すると言っていました。こんなすごい人があなたのライバルなんです。そんな人がたくさんいます。各大学の教育内容をしっかり研究しなければ、なんとなく推薦でと思ったほとんどの人が落ちます。

しかし逆に言えば、志望大学の3つのポリシーをしっかり読んで、書類選考、面接、小論文に向けて、どうして私はこの大学に入りたいのかという理由をしっかり作っておけば、数多くの「なんとなく推薦」組の人たちはもう敵ではありません。勝ち残ってください。

面接で人と差をつける方法

入試で面接がある人は緊張すると思います。アドバイスをしますので、総合型選抜や学校推薦型選抜で面接がある人は参考にしてください。面接の場合に、重要なことは志望動機と自己PRです。志望動機というのは、〝どうして私が○○大学に入りたいのか〟が明確に言えなければいけません。自己PRは、〝私は○○を頑張ってきました〟を確かに伝えなければなりません。この2つがしっかりしなければ大学側から見ても、この人は本気でウチに入りたいのかな?となりますので、熱意をきちんと伝えましょう。

この面接対策が甘くて失敗する人は大勢います。最初に問題となるのは志望動機です。

たとえば、工学部機械工学科志望の人がいるとします。

「僕は○○大学機械工学科に入ってロボットを作りたいです」

と答えるのはよくない。さて何がいけないんでしょうか。そうです。大学側からすれば、それは他の大学でもできますよねとなると思いませんか？

「ロボットを作りたいの？　うちじゃなくても××大学とかもあるよ」

と返されてしまいます。そういうときは瞬時に
「この大学でなければいけないのです。なぜなら～～だからです」

と答えなければなりません。これを言えない人が多いのです。大学についてしっかり調べていないからです。志望大学をじっくり調べるのはもちろん、その学問分野の他の大学も調べてください。そうすると、第一志望の大学になぜ入りたいのか、はっきりとわかるはずです。

「確かに、ロボットの研究は他の大学にもある。でも○○大学は特殊な○○ロボットの研究をしている先生がいるからそこで勉強をしたい」

というように、深い理由が言えれば大丈夫。要するに、大学側はウチでなければいけない理由が知りたいのです。どんな分野であっても、

「○○大学看護学部に入りたいです」

「看護大学はいくらでもありますがなんでうちなの？」

「それは○○だからです」

という答えを必ず考えてください。

面接が突破できない人のココがダメ

たくさん面接の練習をして本番に臨むと思いますが、残念ながら突破できない人がいます。面接を突破できない人の致命的なミスはコレだという話をします。

面接を突破できない人は、志望動機で大学を褒めて終わる人です。入りたい第1志望の大学の面接なので、ポリシーを読んでしっかりとその大学のことを調べていると思います。たとえば、「○○教育をやっているから入りたい」や「就職が素晴らしい」など、みなさん一生懸命に大学を褒めます。どうして自分がその大学に入りたいのか、なぜそ

の大学でなければいけないのか、みなさんはきちんと話せるのです。しかし、これでは大学を褒めるだけの競争になってしまいます。あなた以外の受験生も、「○○大学は素晴らしいです。だから入りたいです」と言っています。

これを言う人たちは全員、１００点満点中の50点です。その大学でなければいけない理由を言えているので50点ということです。では、残りの50点は何でしょうか。

面接を突破する方法

面接を突破するための残りの50点は、あなたでなければいけない理由が言えることです。それを説明するのが自己ＰＲなんですね。大学側は、別にあなたでなくてもいいのです。他の名門高校からの、やる気も申し分なさそうな受験生をとってもいいのです。みんなまずは大学を褒めますから、大学側はさっきも同じことを聞いたなと思います。

そして「あなたがウチに入りたいのはわかっています。では、ウチがあなたを入れるメリットは何ですか？」となります。他の子ではなくてあなたを取るべき理由、あなたの必殺技を言わないといけません。それが自己ＰＲです。よくあるのが

「私は高校時代○○を頑張ってきました」

ですね。よくあがるのは、部活で大会に出た、生徒会長をやった、ボランティア活動したというもの。しかし、大学が本当に求めているのはそれではありません。甲子園で決勝に行ったとか、プロデビューしたアイドルだとか、そのレベルが高い場合は多少いいかもしれません。

でも本当に重要なのは、あなたが頑張ってきたことが大学側とどう関係があるのかということです。たとえば、工学部機械工学科志望なのに、野球をすごく頑張って甲子園に行きましたというのは関係がないですよね。しかし、関係するように話すことはできます。野球をやっているときにこういうことを考えていて、スポーツに関わる機械、テクノロジーの勉強がやりたくなった、自分なら誰よりも選手の気持ちがわかるはずだと。頑張ってきたことと、入りたい大学が結び付いていないといけないのです。

志望動機だけでは上手くいきません。第1志望の大学をしっかり調べて、褒めちぎるのは悪くありません。しかし、それでは50点なので、あなた自身を褒めちぎることもしてください。志望動機と自己PRは同じくらい大切です。これは受験時だけでなく就職の面接でも同じです。

面接対策で重要なこと

親、友達、先生に面接練習に付き合ってもらい徹底的に対策をしてください。悪いところ、ダメなところをたくさん突っ込んでもらってください。これは突っ込む側の力量も問われますので、友達とだけやるのはやめたほうがいいですよ。

突っ込む力量というのは、たとえば「新潟県立大学に入りたいです」と言ったとします。そしたら「あなた自分が新潟に住んでいるから入りたいのでしょ？　もっと他の理由ないの？」というように相手が嫌がるところ、嫌なことを質問できることです。これに対して申し分なく答えられるようにしておけば本番では失敗しません。練習で嫌なことは聞かれておいてください。

そして、想定問答集を作ってください。嫌なことを聞かれた場合の返答を徹底的に練習をすることが重要です。質問をする側は、相手の弱いところを突いてください。もちろん、面接対策がこれですべてということではありませんが、私はここが基本だと思います。

推薦落ちる人のダメな志望動機3つ

ダメな志望動機3つをご紹介します。どれもあなた個人にとっては大きな理由でしょうし、否定するわけではないのですが、実際問題としてこれはやめたほうがよいというものです。

【地元だから】

まず1つ目、地元だからはダメです。特に地方の人は気を付けてください。秋田県に生まれたから秋田大に入りたい、福井県に住んでいるから福井大に入りたい……という人、本当に多いです。でも、冷静に考えてください。その理由、あなた以外の人もそうですよね。隣の高校の子も秋田大に入りたい、福井大に入りたいと言いますよね。

地元だから入りたいという理由で、大学側があなたを必要と思うかどうか、真剣に考えてください。あなたでなければいけない理由がそれでは決め手にはなりません。その理由であれば、隣の子でもいい訳です。家から近い、地元の大学が良いのはもちろんわかります。でも面接でそれを言ってはいけません。それでは他の人と差がつきません。地元だから行きたいのはわかっているのです。私もわかっているし、大学側もわかっているので、それ以上の理由を明確に考えてください。

たとえば、「その学問分野だったら隣県の大学にもあるよ」と言われたらどうしますか？　それでも自分の県に行きたいと言うのではなく、深く学問分野を調べた上で、この学問がやりたいからこの大学が良いということを主張してください。

実際にあった話ですが、ある県立大学に行きたいという子が地元の県だったので、私が「地元だから行きたいのでしょ？」と言ったら、「違います。自分が興味を持っている植物は自分のところの県でないとあまり育たないし、その勉強ができる大学は地元の県立大学の生物系の学部にしかないので、他県では困ります」と言ったのです。このようなしっかりした理由があればもちろん良いと思います。ということで、地元だからという理由はやめてください。しかもその人は落ちました。それだけではダメだということです。

【身内の病気で看護学部】

2つ目、家族や自分が入院した経験から看護学部希望はダメです。これ正直かなり多いです。あなたや家族が病気やケガで入院をされたのは大変だと思います。あなたの人生にとっては大きな出来事です。でも、看護学部志望の人でその理由を言う人が多すぎるのです。それは志望動機ではありません。きっかけに過ぎないのです。それ以上の理由が必要。おじいちゃんが入院した、看護師さんが親切だったから私もなりたい、それはわかりました。でも、あなたがなる必要があるかどうかです。

あなたはなりたいと思っただけで、あなたに看護師になってほしいかどうか相手の気持ちになって考えてください。看護大学の教授の気持ちになってください。病気になったから看護学部志望という子がたくさん来て、飽き飽きしてると思いませんか？

この分野の看護がやりたいとか、こうやって医療に貢献したいというような明確な理由、きっかけより先の理由をひねり出してください。自分が病気になったから医者になるという人、あまりいないと思います。医者になる人というのは、もっと真剣に考えていると思うのです。自分や関係者の病気や怪我がきっかけなのは良いですが、それは志望動機ではないのです。看護師も同じように、もっと深い理由を考えてください。

【自分がつらいので心理学】

最後3つ目、自分が悩んでいるから心理学科志望はダメです。めっちゃ多いです。心理学は基本的に自分の心ではなく他人の、人間一般の心を扱う学問なのです。臨床心理士や公認心理師という仕事は、他の人を助けられなければならない。

自分や友だちや家族のことで心理に興味を持つきっかけがあるのはわかります。でも、それは志望動機ではなくて、やっぱりきっかけでしかありません。きちんと心理学を学んでこういうことがしたいんだという、自分の悩みの先にある、社会に貢献することを意識して志望動機を言わなければ、大学側がウンザリしてしまいます。

あとたとえば、友達の悩み事の相談に乗ることが好きだからというのもあまり良くないです。それは、心理学で扱う分野の一つに過ぎません。カウンセリングだったり臨床心理学だったり。実際の心理学というのは、統計学であり、医学的な部分もあり、理系なのです。また、数学や理科ができたほうが良いので、文系だとも思わないほうがいいです。それも踏まえて、真剣に心理学を目指していることをきちんとPRできなければ難しいと思います。

ということで推薦で落ちる人のダメな志望理由3つでした。みなさんは同じ轍《てつ》を踏まないように、きっかけの先を意識して志望動機を作りこんでください。そうすれば合格に一歩近づけます。

難しい言葉は必要ない

高校生のみなさんからしたら、志望理由書や面接のときの言葉遣いも心配の1つですよね。私の答えは、

「難しい言葉は使わなくていいけれど、自分の言葉を使ってください」

です。暗記もしないほうがいい。みなさんは頑張って暗記してしまいます。人前で発表をする、まして大学の教授や先生方に自分の志望動機を話すとなると、難しいことを一生懸命覚えて、それをそのままその通りにスラスラ言えたらいいんじゃないか、と思い

がちなんですが、それだったら録音したものを聞かせてもいい訳です。

大事なことは、自分の言葉なんですね。難しいことを調べてきて、学問内容の話ばかりするんだったらそれは他の人もやると思いませんか？　大事なことは、自分がどうしてその大学に入りたいか。そのために自分が何を頑張ってきたのか。これは、他の人と違う自分だけの経験です。これを自分の言葉で話すことが、相手の気持ちに届くと私は考えています。難しい言葉を使おうとしないことです。

指定校推薦で有名大学に行く友達がずるい

最後に、逆に推薦を受けない人の声におこたえしておきましょう。指定校推薦で有名大学に進学するのはずるいのか？　そんなことはありません！

指定校推薦で進学することがずるいわけではなく、それは他人が選んだ、他人の人生です。もしそのように感じるのであれば、あなたはあなたの受験で戦ってください。コネとか生まれつきなんていうのはない訳ですから、自分が持っているもので勝負をしてください。あなたには違う人生がありますので、あなたは一般選抜で行きたい大学に受かればいいのです。うらやましい気持ちもわかりますが、気にするのはあまり意味がありません。推薦を受ける人も受けない人も、それぞれが自分の受験に専念してください。

オープンキャンパスを制せ！

次はオープンキャンパスの回り方をお教えします。推薦を受けるのであればできるだけ参加したほうがいいと思います。どんな大学でどういう雰囲気かを知るのはあなたが志望理由を決めるときに非常に役に立ちますし、大学側からしてもやる気をはかりやすいはずです。もちろん、一般選抜のみで大学進学を考えている人にとってもオープンキャンパスは重要です。

オープンキャンパスは、ここを見ろ

まず、オープンキャンパス参加時に心得てほしいことがあります。それは、大学が提供してくれるプログラムを黙って聞いて帰るだけではだめだということです。受験科目の説明や、うちの学部はこういう教育内容ですって説明を黙って聞いて、学食のおいし

いカレー食べて帰るという、それだけじゃダメです。オープンキャンパスでは必ず質問をしてください。

たとえば経済学部の教授が授業をやってくれるんだったら、聞きながらノートに質問を書いておくんです。先生はこうおっしゃってますけど、ここをもっと知りたいとか、他の大学と何が違うんですかとか、こういう資格取れますかみたいなことを書いておいて手をあげて質問をするんです。

なぜならば教育の本質は対話だからです。黙って聞くんじゃなくて、教授や仲間と話し合う。大学の授業もそういう方向に変わってきています。だから、オープンキャンパスでは、新聞記者のように根掘り葉掘り取材をするぞという気持ちを持って行ってほしいんですね。そのために、事前によく調べてから行きましょう。何が学べる大学で、どんな先生がいるのか調べておく。そして先生や学生に必ず質問をして話をして帰ってくる。これがとても大切です。

オープンキャンパスで見るその他のポイント

次のポイント。授業以外に時間を過ごす場を見てください。みなさん教室だけ行って帰ってきちゃうんですね。大学の教室っていうのは、高校と全然違うんです。自分の机がないんです。みなさん3年B組だったらそこに自分の机がありますよね。ところが大学は授業ごとに部屋を移動していくので、朝学校に来たら自分の机があるというわけにはいかないんですね。だから実は大学って居場所がないんですよ。授業のない時間に過ごすところがないんですね。これで多くの学生が困っています。授業がない空き時間って絶対大学ではありますので、その時間を過ごせる場所を探してください。

イメージしやすいのは図書館や学食ですが、学食はお昼ご飯時は混んでるから長居はできないし一人でいても寂しいですよね。図書館は静かに勉強ができますけど、仲間とわいわいしゃべるっていう場所ではありません。なので授業外で、時間を過ごせる場所を探してみる。最近はラーニングコモンズと言って、いわばしゃべれる会議室みたいな場所もできています。

あとぜひ探してほしいのが、難関試験の勉強部屋ですね。公務員試験とか公認会計士とか教員採用試験を目指す学生が集まる勉強部屋を持っている大学があるので、ぜひこれは探してください。要は空いた時間はそこに行って仲間と一緒に勉強をすればいいいんです。

このように大学は、授業外にどう過ごすかがとても大切なんです。ですから、駅からキャンパスまでの間に商店街があったりとか、そばにお店があるなんていう大学も当然そこで過ごせるのでいいですね。名古屋には隣がイオンモールの大学がありまして大人気なんですよ。空いた時間はイオンモールにいけばいいわけですからね。書店もあるし、おいしいレストランもたくさんある。

大学は高校生のみなさんの想像を超えて暇な時間がたくさんあります。それが大学なんですね。それは決して無駄じゃないんです。空いている暇な時間に自分の勉強をやる。それが大学。なので授業以外に時間を過ごす場所はどこだろうって考えながらオープンキャンパスに参加するというのがとても大切なんです。これを意識しながら、大学を見学してください。

推薦合格のためのオープンキャンパス活用法

今から、「推薦で受験する人はオープンキャンパスをこう使え」という話をしたいと思います。推薦では必ず面接がありますよね。できればその練習をオープンキャンパスでしたい。面接の練習ができそうな場があったら必ず参加するんです。質問会とか相談会とか、そういう場はだいたいあるはずです。

そして、私はこういう理由で志望していますって話をする。そして良くないところを教えてもらってください。「そういう志望理由はみんな言っているから、正直、人と変わらない」「それじゃあわかりません」みたいなことを言われると思います。

面白くないし怖い経験だと思いますよ。でも心配しないで。本番ではないんです。練習の段階で直してもらえるんだったら、そのほうがいいわけです。オープンキャンパスの時には面接の練習ができそうな場はないか探してみてください。あるいは東京や名古屋や大阪のような大きい街ではいくつもの大学が集まって説明会をやっていますよね。そういう時に、もし、ちょっとブースが空いていて、時間がとれて5分くらい話ができそうなときも必ずこれをやったほうがいいです。こういう志望動機なんですけどって話をすると、大学職員の方は悪いところを直してくれる可能性があります。

　あなたにとっては、受かるはずだと思っている立派な志望動機なんですけど、何百人何千人の人の志望動機を聞いてきた大学の先生や職員の方から見たら、「これ、しょぼいな」というのはたくさんあるわけです。本番にそんな失敗をして落とされたら、受験料がムダですから、練習のときにできるだけ大学の人と話しておくべき。

　そして、たとえばあなたがマーケティングやりたいと思っていたって、マーケティングという学問に対する理解は、はっきり言って浅いわけです。高校生ですから。でも大学の先生と話しながら
「マーケティングってこういうことなんだ」

「こういう面白さがあるんだ」

というのを理解ができれば、面接の時も深い話ができますよね。なんなら、この大学が他の大学とは違う部分を聞いてもいいと思います。オープンキャンパスではそれが許される。それを自分の志望動機に加えていけばいいんです。

学生にも聞いてみよう

オープンキャンパスで学生さんと話すのもいいと思います。学校によっては何選抜で入ったという名札をつけている場合があります。法政大学なんかそうですね。「学校推薦型選抜で入った」「一般選抜で入った」という札をつけている人がいたら、そういう学生さんにどんな面接の受け方をしたか、あるいはどういうふうに志望動機を考えたかというのを聞く。得るものは多いと思いますよ。

対話、しまくりましょう。あなたはきっと驚くと思います。大学生の多くが人と活発に話すことができて、みんなテンション高くて、コミュニケーション能力があって。リア充かと思うかもしれませんが、そうじゃないんですね。誰もが最初は苦手なんです。みなさんもそう。我々もそうです。少しずつ人と対話する練習を積んでいく。そこで慣れていって、本番に本来の力を発揮してください。

ということで、第4章は推薦型選抜に関するお話でした。「推薦で難関大に合格するぞ！」という人はもちろん、「自分は話すのが苦手だから一般しか考えていない」という人も、推薦型選抜もアリかもしれないな?と考え直してみてほしいです。たとえば先ほど書いたように、オープンキャンパスでためしにしゃべってみてください。それから決めてもいいのです。

第5章　才能で食べていけるのか？

イラストレーターになりたい

第5章は芸術系大学の話がメインです。

高校で講演していると、時々、質問をいただきます。

「イラストレーターになりたいのですが、どこの美大に行ったらいいのでしょう」

美大は行かなくていい。いや、行ってもいいんですよ。でも、○○美術大学のイラストレーション学科を出たから有名イラストレーターになれたっていう人の名前が出ますか？　はっきり言って、学歴は関係ないです。大学に行くのが無駄だとは言っていません。行きたい人は行ってもいいです。でも、大学に行かなくてもイラストレーターとして高く評価されている人、売れっ子の人はいっぱいいます。マンガ家もそうですよね。なので、基本姿勢として「イラストレーターになりたい」と目標がハッキリしているのであれば、行かなくてもいいと思ってください。大学受験の関係者としては、美大いいよと言いたくなりますが、私は本当のことを言ってしまいます。

美術系大学でイラストのコースとか学科を見つけたら、あなたが興味を引かれるのはわかります。そして、美大に入ればいろいろ勉強もできますが、売れるかどうかを決めるのはお客様です。つまり、あなたの描いた絵を買ってくれるかどうか、ゲームや本のイラストに採用されるかどうかというのは、お客さんが決めること、あるいは出版社が決めることです。ですから、美大に入ったら絶対売れっ子イラストレーターになれるなんて口が裂けても言えません。

だから美大に行くか行かないかに関係なく、あなたはイラストを描くべきです。いい時代です。それをネットにUPすればいっぱい「いいね」が付きます。これが昔だったらネットがありませんから、自分で描いたイラストを出版社に持ち込んで売り込んで何かの雑誌に絵を載せてもらうことしかできませんでした。

でも、みなさんはとにかく描けばいいわけです。マンガですらマンガ雑誌に載せてもらえなくてもネットから売れっ子になるということがあるのですから、今あなたがやるべきことは、個性のあるイラストを描いてそれが商業的に高く評価されることです。美大に行ったとしても、行かなかったとしても、描くことが最重要なのです。

それがわかったうえで、幅広い教養や美術やデザインの知識を身に付けたいという人は美大に行ってください。

美大が食わせてくれるわけじゃない

美大に限らず芸術系の専門学校に行きたい人もいるでしょう。マンガ、アニメ、ゲーム、イラストの専門学校に行くのも別に悪くはありませんが、これも同じで、専門学校に入ったからプロになれるのではなくて、あなたが良いイラストやマンガを描いて飯が食えることが大事であって、学校に行くか行かないかではありません。

たしかに、高校を卒業してただ描くだけでいきなり商売になるのかと不安な人もいると思います。そういう時に技術を学んだり、人脈を作ったりするという点で、大学や専門学校に行くことが無駄だとは思いません。

でも、たとえ超名門の東京芸術大学を出ようともイラストレーターで食べていける保証はありません。大事なのは学歴じゃなくて、あなたの個性、技術、才能、マーケットの声です。そのため、最優先で、イラストを描いてください。そしてネット上にUPしてください。それが仕事につながる。コツコツやっていくしかありません。決して美大があなたを食わせてくれるわけではない。

それぞれの大学の教育内容を調べて、単なるイラストレーター講座ではなくて、いろんな深い教養が身に付いたり、独自の教育の良さみたいなものがあるところを目指すのは良いと思います。

美大合格がゴールではない

「美大に憧れる」「芸術家になりたい」という気持ち自体は悪くない。スタートラインとしてOKです。ですが重要なことは、合格がゴールではないのです。美大にやってきたたくさんの学生の中で、自分だけは勝ち残って、

「売れっ子の小説家になるぞ」

「映画監督になるぞ」

「役者になるぞ」

という情熱と努力と才能のある人間しか活躍はできません。そのため、大学に過剰に期待しないことです。大学が何かしてくれると思った人は何者にもなれません。マンガ家やＹｏｕＴｕｂｅｒや芸能人は必ずしも大学を出ていません。彼女、彼らには努力や才能があるわけです。もちろん大学に行きたい人は行くべきだと思います。良い経験ができますから。美大志望の人は合格をゴールにしないで、自分の才能で芸術家として勝ち残っていくということを強く意識をして学生生活を送ってほしいです。

美大は公立がお得

美大に憧れている人たち、美術系大学って名門ばっかりで難しいし、学費も高いんでしょ?と思っていますよね。大丈夫です。今回は、全国的な知名度はあまり高くないんだけど行く価値のあるお得な公立の美術大学を紹介したいと思います。

公立美大で有名なのは、金沢美術工芸大、京都市立芸術大、愛知県立芸術大、沖縄県立芸術大です。これらは東京芸術大学に匹敵する受験の難関で、なかなか難しいですが、特にデザイン系であれば、実は公立の美術大学はたくさんあるのです。初めて聞く名前も多いと思いますが、ぜひ本書を読みながら学校のホームページなどもチェックし、志望校に加えてください。

おすすめ公立美大

【札幌《さっぽろ》市立大学デザイン学部】 札幌の市立大のなかにデザイン学部があります。

【秋田公立美術大学】 これは秋田市がやっている公立美大です。

【宮城大学事業構想学群価値創造デザイン学類】 すごい名前ですが、ここはプロダクトデザインです。なので、デザインの勉強をしたいのであれば、実は宮城県でできます。

【長岡造形大学】 新潟県にあります。もともとは私立大学だったのですが、公立になりましたので学費がぐっと下がりました。新潟近辺ではけっこう人気のある大学です。

【群馬県立女子大学文学部美学美術史学科】 文学部の中で美術の歴史を学ぶ学科です。実習とかちゃんとあるの？と思うかもしれません。なんとここは、絵を描いたりデザインをやったりといったような実技の勉強もできますので、デザイン系の学校の一つと言えます。

【東京都立大学システムデザイン学部インダストリアルアート学科】 都立大学に芸術あったの？　あるのです。システムデザイン学部の中身はほぼ工学部で芸術学部ではないのですが、この中にインダストリアルアート学科があって、産業デザインを学べます。インダストリアルデザインが学べて、きちんと美大系のデザインなので、千葉大の工学部のデザインとか考えている人は、ぜひ併願してください。

【静岡文化芸術大学デザイン学部】 静岡県浜松市にあります。ヤマハとかホンダの工場が浜松にある関係で、そういったメーカーでものを作る時のデザインを中心に勉強できるので、就職はバッチリです。

【名古屋市立大学芸術工学部】 愛知県では県立芸術大学が伝統校ですが、名古屋市も芸術と名の付いた学部を持っています。芸術工学部って名乗っているので、九州大学の芸術工学部と似ていまして、芸術と工学・建築であったり、デザイン系ですので、日本画を描くとかの世界ではないのですが、ここも非常に就職に強いです。

【滋賀県立大学人間文化学部生活デザイン学科】 ここは文学部のような学部ですが、どちらかと言うと家政学に近く、生活デザイン学科でデザインの勉強ができます。

【岡山県立大学デザイン学部】　けっこう本格的にデザインの勉強ができる芸術系・美術系の学部です。

【広島市立大学芸術学部】　岡山のお隣、広島にも芸術系学部があります。芸術学部といっても音楽は無しで、美術・デザインの勉強ができます。

【尾道市立大学芸術文化学部美術学科】　広島県にはこちらもあります。コテコテの美術系なので、ちゃんとファインアートもできます。絵画、彫刻系、それからデザインです。

【山口県立大学国際文化学部文化創造学科デザイン創造コース】　ここも文学や家政学の要素が強いのですが、ちゃんとデザインの勉強ができます。

デザインの勉強ができる公立美術大学って実は全国にたくさんあります。そして、なんといっても学費が安い。美大志望の人はぜひご検討ください。

美術系の公立短大

なんと！　この他に公立短大が４つあります。これも検討してください。

福島県の会津大学短大産業情報学科デザイン情報コース。
岐阜県の岐阜市立女子短大デザイン環境学科。
岡山県の倉敷市立短大服飾美術学科。
最後、大分県立芸術文化短大に美術科と音楽科があります。

理論系の音楽を学べる大学

ここまでは美大の話でしたが、音大を目指している人もいますよね。音大というと演奏の世界ですが、学問・理論としての音楽学をやりたいという受験生が稀《まれ》にいますので、いくつか紹介します。けっこう面白い世界ですので音大志望の人は検討してみてください。

【大阪大学文学部】 まず阪大です。文学部の中に音楽学演劇学専修音楽学研究室というものがあります。演奏や演劇をするというよりは、学問として研究をするところです。これができる国公立大学というのはとても少ないです。この音楽学の専修、いわば学科のようなものは東大・京大にもないです。なので学問としてとことんやりたい方は、大阪大学文学部へ行きましょう。

東京の私立大学であれば、

【青山学院大学文学部】 比較芸術学科で音楽と演劇・映像の勉強ができます。

【明治学院大学文学部】 芸術学科音楽学コースがあります。

【成城大学文芸学部】 芸術学科では、音楽学、映画学、演劇学、美学・美術史の勉強ができます。

このようにいくつかの大学では、学問としての音楽が勉強できます。

美大・音大への進学で親に反対される

美大・音大と心は決めているんだけど親に反対されているという人もいるでしょう。たしかに先ほどから申し上げているように、美術や音楽だけで食っていこうと思うと大変難しいです。なぜならば、美術大学を出て食っていくというのは、まさに絵を描いて、お金をもらうということですからね。ピカソかと。いくら東京芸大、武蔵美、多摩美を出ようとも誰もがそんなことはできません。だって、みなさんお金出して絵を買います

か。買わないですよね、なかなか。そもそも、マーケットが小さいんですよ。また、音楽も交響楽団って、ほとんど新入社員取らないんですよ。誰かが辞めないと採用しないので、確かにコンサートを行ったりして知名度は高いですけど入るのは至難の業。劇団だってそうですよ。本当に入れない。

音楽とか美術で食べていこうとすると難しいので、親や先生は反対するんですね。でも私はそう思いません。むしろ行きたい人は行くべきです。なぜなら、その能力を求めている企業はたくさんあるからです。その道のプロにならずとも、デザインや音楽を生かした職業というのはたくさんあるので、美大や音大の就職は実は悪くありません。文学部だって別に文学で食ってるわけじゃないですからね。就職すればいいだけです。その部分をしっかり話して、親を説得していただき、社会で大活躍してほしいと思います。

声優専門学校を親に反対される

「声優になりたくて専門学校に行きたいけど反対されます」という人もよくいますね。

まず、なぜ大学に行くのがダメなのかを、逆にあなたにお聞きしたい。売れている声優の中には、大卒の人がけっこういます。大学に行きながら、もしくは卒業したあとに声優の道を歩むのは可能なのです。だけどそれじゃ嫌な人はその理由をきちんと親に説明しましょう。もし「勉強したくない」が大きな理由になっているようであれば、専門学校に行ったとしてもうまくいかない気がします。なので、個人的な意見としては、大学に進学して、ダブルスクールで声優の専門学校へ行くのはどうでしょうか。もしも、あなたが声優として売れっ子になれなくても、大卒で一般企業に就職することができます。保険の意味でも大学に行っていいのではないかというのが、あくまでも私の意見です。

専門職大学ってどうでしょう?

最近、新しく「専門職大学」というジャンルの大学が誕生しました。専門学校ではないんです。大学という位置づけなので、卒業すればちゃんと「学士号」がもらえます。面白そうな学校がいろいろあるので、行ってみようかなと思っている人もいるでしょう。

では従来の普通の大学とは何が違うのか? 専門職大学というのは専門学校のように実習をたっぷり行ったり、あるいは企業で研修をやったりする大学です。黙って授業を受けるという形態を少なくして、より手に職をつけることを目指している大学なんですね。分野もいろいろあるんですよ。

まず、ファッション。それから美容系もありますね。あとはコンピューターとかゲーム、ロボットなんかの勉強ができたり、いろんな学校ができていますが、一つ気をつけないといけないことがある。

専門学校と大学の良いとこどり？

それは、専門職大学の多くは学力試験を重視していないことです。大学を目指している多くの人たちは、一生懸命、国語とか数学とか理科とか受験勉強をしているわけですね。専門職大学の多くはもともと専門学校だった学校がそれに上乗せして大学を作っているところが多いので、総合型選抜や学校推薦型選抜というような、学力よりもやる気を評価するタイプの入試の比率が高くて、テストの点数で取るという形がとても少ないんです。

もちろんそれは各大学の方針ですから別に文句はありません。でも、学力の競争で入って来ようっていう人はもともと専門職大学を目指さないんです。するとどうなるのか。私が危惧しているのは、あなたが本当に頑張る人だった場合に、まわりの学生との温度差を感じてしまうかもしれないということです。

専門職大学そのものは立派な理念があって教育をやっていると思います。でも、今まで大学受験のためにしっかり勉強してきた高校生のほとんどは受験しないんです。代わりに「学校の勉強はちょっとアレだけどやる気はあるかも」みたいな学生が入る可能性が高い。それをあなたがどう考えるかですね。

専門学校とは違うわけですが、大学ともちょっと違って、専門職大学はたしかに良いとこ取りで作られています。ただし、あなたがその環境に入ったときに、たとえばすごく勉強して良い大学行くぞという雰囲気の高校出身者だった場合は、あれ⁉となりかねません。

専門職大学を選ぼうとする場合、ほとんどはその分野の4年制大学が存在します。たとえば、コンピューターの大学だったら、別に東大だっていいわけだし、どこにでもあるわけですよ、コンピューター、情報系の大学。あるいはファッションも家政学部を持っている大学や女子大はたくさんあるわけです。

専門職大学は宣伝が大変上手ですから、素敵だな、行こうかなと思うかもしれません。でも即決する前に、その分野の勉強ができる一般の大学も探してください。そして、比較するんです。どっちが自分に合っているか。黙って授業を聞いているより実習をやりたいと言うなら、専門職大学のほうが向いているかもしれない。

また、専門職大学は入った後が本当にサバイバルレースなので、その分野のプロとして食べていくために一流になるという強い気持ちがなければ、脱落する人がいると思います。だからダメだと言っているのではなくて、あなたは生き残ってください。それだけの覚悟のある人には専門職大学は向いていると思うので、検討してほしいところです。

専門学校はあなたに向いていますか

ちなみに、専門学校も同様です。良い専門学校はたくさんありますが、気をつけないといけないのは、「勉強嫌いだから」とか「大学はちょっと」と言って入ってきて、非常にモチベーションが低い学生がいる。大変言いづらいのですが、サブカルチャー系産業で働くことを目指す専門学校、アニメ、マンガ、ゲームというところにはそういうやる気がないのに入ってきてすぐ辞めちゃうタイプの人もいるんですね。もちろん頑張る人もいます。ただ、そういう環境であることは覚えておいてください。

才能で食っていく道

第5章前半は芸術系の道を目指す人に向けたお話でした。プロになりたいなら描くのがいちばんだということ、公立のお得な美大、音楽理論が学べるちょっと変わった大学、参考にしてください。後半では専門学校や専門職大学についても触れました。

才能で食っていく、一生食べ続けていくというのはとても大変なことです。才能の問題だけではなく人生の問題もいろいろあるでしょう。そんなときにそれ以外の仕事にもつけるようにしておくこと、選択肢をいろいろもっておくことも、受験準備の一つになると思います。

あとがき

いかがでしたか？　みなさんの多くが学校ではよく勉強して、世界の問題に興味関心があり、好奇心に満ちているはずです。将来自分はこうなりたいという夢を描いている人も多いでしょう。その多くが、高校受験や大学受験（人によっては中学受験）で、「自分の（受験学力の）限界」を思い知らされてしまうことが、私には不愉快でなりません。

私も日本を代表するような難関大を出た人間ではありません。しかし、全員がその競争に参加させられていても、全員が勝てないことはみなさんもよくおわかりだと思います。頂点の人、勝った人にしか価値がないのでしょうか？

そうではありませんよね。

そのことを忘れないでいただきたいのです。受験の世界はともすればその価値観に誰もが染まってしまいがちです。あなたも、親も、先生も、私もです。でも、それによって、個々人が持つ無限の可能性を自ら閉ざしてしまっていたら。

タレントの渡辺直美さんの学歴は中卒、さかなクンは高卒です。誰もバカにしません。仕事が一流だからです。あなたが好きな売れっ子のタレントもＹｏｕＴｕｂｅｒも、インフルエンサーや才能あふれる人たちも、必ずしも大学を出ているわけではありません。なぜでしょう？

それは、能力があるからです。仕事の能力です。日本の大学に全部行った人は私以外にいません。東大生は他の大学を見ようとはまず思いつかないでしょう。だから私は、その個性（大学見学マニア）を仕事の能力（どんな大学の話もできる）に変えて、他の誰にも替えがきかない一種の「大学受験のタレント・芸人枠」として、おかげさまで仕事があるわけです。

あなたには個性があります。でも人は個性だけであなたをほめてはくれません。仕事にはなりません。個性を能力に変え、実績を作ることで、あなたは何者かになるのです。

タレントや芸人は大切な仕事ですが、その人たちだけで世界は回りません。あなたには使命があります。そう、「人類の課題を解決する」でしたよね。そのためには、多くの仕事や学問は大学で学ぶ必要があります。

だから、大学に行きたいと思ったのであれば、大学に行って学びましょう。
あなたの輝く未来を応援しています。

YouTubeチャンネルでも情報発信中!

○大学選び・受験の情報はメインチャンネル「メガスタ」で検索
https://www.youtube.com/@user-zn1ko7ry6y

○学校経営コンサルタント・大学分析情報はサブチャンネル
「山内太地の大学イノベーション研究所」をご覧ください
https://www.youtube.com/@user-tz3hl9hr7h

ちくまプリマー新書

226 何のために「学ぶ」のか ——〈中学生からの大学講義〉1 外山滋比古／前田英樹／今福龍太／茂木健一郎／本川達雄／小林康夫／鷲田清一

大事なのは知識じゃない。正解のない問いを、考え続けるための知恵である。変化の激しい時代を生きる若い人たちへ、学びの達人たちが語る、心に響くメッセージ。

417 「覚える」と「わかる」 ——知の仕組みとその可能性 信原幸弘

覚えた！わかった！と素朴に使うけど、その時、人間のなかでなにが起きているのか。丸暗記、真似る、理解といった働きから、批判的思考や知の可能性までを探る。

277 先生は教えてくれない大学のトリセツ 田中研之輔

大学の4年間どうやって過ごしますか？ なんとなく講義を受けているだけではもったいない。卒業後どう生きるか目標をもって、大学を有効利用する方法を教えます。

401 学校はなぜ退屈でなぜ大切なのか 広田照幸

「道徳は教えられるか」「学校の勉強は仕事に役立つか」「教育は格差を解消できるか」「AI社会で教育は変わるか」——広い視点と多様な角度からとらえなおす。

412 君は君の人生の主役になれ 鳥羽和久

管理社会で「普通」になる方法を耳打ちする大人の中で育ち、安心を求めるばかりのあなたは自分独特の生き方を失っている。そんな子供と大人が生き直すための本。

chikuma primer shinsho

ちくまプリマー新書 424

偏差値《へんさち》45からの大学《だいがく》の選《えら》び方《かた》

二〇二三年四月一〇日　初版第一刷発行

著者　山内太地（やまうち・たいじ）

装幀　クラフト・エヴィング商會

発行者　喜入冬子

発行所　株式会社筑摩書房
東京都台東区蔵前二‐五‐三　〒一一一‐八七五五
電話番号　〇三‐五六八七‐二六〇一（代表）

印刷・製本　株式会社精興社

ISBN978-4-480-68449-3 C0237 Printed in Japan